현대적 감각의 만화로 해석하는 〈심리사주학강의〉

송주현의 만화명리학 2

〈60갑자와 궁합편〉

글·그림 | 晴阿 송주현 |
감　수 | 水風井 |

도서출판 왕산

3판 인쇄	2022년 10월 8일
3판 발행	2022년 10월 10일
저자	송주현
기획 편집디자인	최봉희
펴낸곳	도서출판 왕산
발행처	대구광역시 남구 이천로 19길 62-2
등 록	2004년 4월 19일 제 2013- 7호
전 화	053) 943-2107
팩 스	053) 215-4545
메 일	namoss@hanmail.net

ISBN
979-11-955370-1-3 04180
979-11-955370-0-6 (세트)
값 15,500원

- 이 책은 저작권 등록이 되어 있으며, 저작권에 대한 모든 권한은 저작자에게 있습니다. 저작자의 허락 없이 무단전제 또는 무단복제 행위는 법적 책임을 지게 됩니다.
- 잘못된 책은 바꾸어 드립니다.

국립중앙도서관 출판시 도서목록(CIP)

(송주현의) 만화명리학. 2, 60갑자와 궁합편 / 저자: 송주현
. -- 대구 : 왕산, 2016
  p. ;   cm

표제관련정보: 현대적 감각의 만화로 해석하는 <심리사주학 강의>
감수 : 水風井
ISBN 979-11-87004-16-5 04180 : ₩15500
ISBN 979-11-955370-0-6 (세트) 04180

명리학[命理學]
궁합[宮合]

188.5-KDC6
133.3-DDC23   CIP2016020822

송주현의
만화명리학 2
60갑자와 궁합편

격려의 글

처음 명리를 공부하면서 그리고 세월이 흘러 명리를 가르치면서 좀 더 쉽게 이해하는 방법이 없을까 고민을 하다가 만화를 생각하게 되었습니다.

서점을 검색해 보니 주역, 풍수, 관상, 노자 등은 만화가 있는데 만화명리는 보이지 않았습니다. 늘 이런 생각을 했습니다. "명리만화가 출간되면 참 좋겠는데 …"

명리는 전체 흐름을 알고 만화를 그려야 하는데 어느 만화작가가 만화를 그리기 위해 3년 이상을 하루 몇 시간씩 배우고 공부 하려고 할까?

고민을 하다가 해결책이 없어 포기하고 책에서 더 쉽게 설명하려고 노력을 했습니다.

그러다가 4년 전 서울에서 강의를 시작하며 우연하게 만화작가 송주현을 만나게 되었는데 현재 오행진로적성분석센터 〈에듀컨스〉의 서울중구지부장 황을순 선생님의 딸이 국문학과 출신 만화가 지망생이라는 사실을 알고 명리만화를 제안하게 되었습니다.

우리 송주현 작가는 3년간 어려운 명리를 열심히 배우고 전 과정을 몇 번 반복학습 후 어느 날 전체의 흐름을 통합적인 시각으로 바라보는 시각을 갖게 되는 수준에 도달하게 되었습니다.

‖ 격려의 글 ‖

송주현 작가는 20대 후반의 아가씨라고는 믿기 어려운 명리학의 감각과 재능을 발휘하고 있습니다.

조심스럽지만 뒤에서 보완해주면 되리라 생각하고 "주현아 이제 그림을 그려도 될 실력이 되었다"하며 만화명리의 첫 출발을 했습니다.

원고를 감수하면서 내용의 핵심과 간결함으로 글을 써가는 것을 보며 이제 송주현 작가는 젊은 명리학자로서 실력을 갖추었고 우리 명리학계의 미래를 이끌어갈 인재라는 확신을 가집니다.

앞으로 송주현 작가의 명리학 강의와 진로적성 상담을 기대합니다.

독자분들에게 당부드리고 싶은 말은 이 책은 만화이지만 내용이 너무 알차게 설명되어 있습니다.

이 책을 10회만 정독하시면 분명 기초가 튼튼해집니다.

그리고 이다음에 출간될 〈응용편〉을 읽으시면 실전상담에서 전혀 불편함이 없을 것입니다.

그동안 밤낮 수고한 송주현 작가와 뒤에서 명리지도와 용기를 주신 작가의 어머니 황을순 서울중구지부장의 노고에 경의를 표합니다.

수풍정 서광호

프롤로그

프롤로그

선생님의 제자이셨던 저희 엄마가 그런 선생님의 바람을 듣고 만화를 그리고 싶어하는 제게 연결 다리 역할을 해주셨어요!

명리 만화가 있으면 좋을텐데.

연결고리!!!

만화를 그리고 싶어.

그래서 저는 고민 없이 선생님의 제자가 되어 3년간 선생님 밑에서 사주 명리 강의를 들으며 공부하고 지금에서야 이 내용을 비로소 만화로 그릴 수 있게 되었지요.

오오…. 명리란 이런 것이구나.

쌤— 재밌어요.

선생님께서는 명리는 부분 이해가 아닌

처음부터 끝까지 전체가 이어지는 하나의 큰 스토리 라고 늘 강조하셨는데

프롤로그

처음 강의를 들을 땐 그 말 뜻이 의미하는 게 무엇인지 잘 몰랐어요. 그런데 한 번 끝까지 강의를 다 듣고 다시 처음부터 강의를 듣기 시작할때야 비로소 선생님께서 말씀하시던 그 뜻을 알게 되었죠!

선생님께 명리학을 배우며 가장 와 닿게 느낀 건 제가 사주에 대해 가지고있던 편견을 깰 수 있었단 거예요. 사주 명리학은 제가 알던 고리타분하고 다가가기 힘든 분야가 아닌 신기하고 흥미진진하며 공부를 하면 할수록 더 알고 싶어지는 매력적인 학문이란 사실이었죠.

프롤로그

지금도 다시 생각해 보면
명리학을 제가 이해하기 쉽고 재미나게 가르쳐 주시던 선생님과
제가 모르거나 막히는 부분이 있을 때 옆에서 도와주던
엄마가 있었기에 이 책을 만들 수 있었다고 생각해요.

제가 이 책을
만들 수 있게
옆에서 응원해주시고
도움을 주신
선생님과 엄마를 비롯한
많은 분들께
감사드리며
인사를 마치겠습니다!
모두 감사드려요!

프롤로그

격려의 글

천간지지 조견표

오행의 상생상극 도표

십성과 심리구조론

십성의 중복과 심리분석 • 14

십성의 혼잡 • 30

일주의 심리구조 • 32

궁합론 • 164

* 천간지지조견표

음남 · 양녀 ➡   ⬅ 양남 · 음녀(대운방향)

										음양	천간
−	+	−	+	−	+	−	+	−	+		
癸	壬	辛	庚	己	戊	丁	丙	乙	甲	십간	
水	水	金	金	土	土	火	火	木	木	오행	

10	9	8	7	6	5	4	3	2	1	12	11	월	지지
+	+	−	+	−	+	−	+	−	+	−	−	음양	
亥	戌	酉	申	未	午	巳	辰	卯	寅	丑	子	지지	
水	土	金	金	土	火	火	土	木	木	土	水	오행	
戊甲壬	辛丁戊	庚辛	戊壬庚	丁乙己	丙己丁	戊庚丙	乙癸戊	甲乙	戊丙甲	癸辛己	壬癸	지장간	
7,7,16	9,3,18	10,20	7,7,16	9,3,18	10,9,11	7,7,16	9,3,18	10,20	7,7,16	9,3,18	10,20	비율	

\<天干 合\>	\<地支 三合\>	\<地支 六冲\>	\<五行의 相生相剋\>
甲己 合	寅午戌	子午 冲	木 生 火
乙庚 合	申子辰	卯酉 冲	火 生 土
丙辛 合	巳酉丑	寅申 冲	土 生 金
丁壬 合	亥卯未	巳亥 冲	金 生 水
戊癸 合		辰戌 冲	水 生 木
		丑未 冲	木剋土 土剋水 水剋火 火剋金 金剋木

* 오행의 상생상극 도표

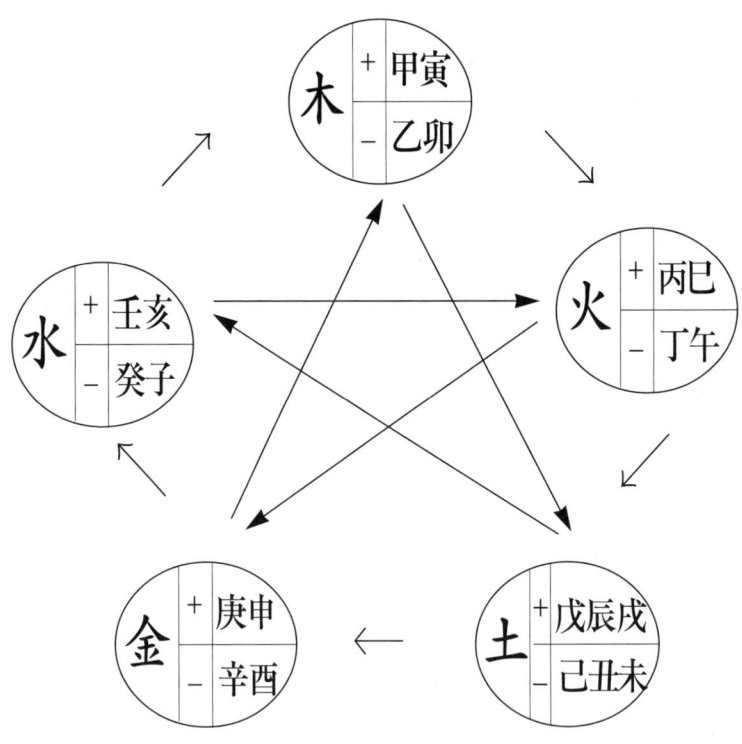

* 오행의 상생상극

<오행의 상생>

목 생 화
화 생 토
토 생 금
금 생 수
수 생 목

<오행의 상극>

목 극 토
토 극 수
수 극 화
화 극 금
금 극 목

십성의 중복과 심리분석

이 단원은 적성분석이나 직업 선택을 할 때 아주 중요한 요소가 될 수 있습니다. 십성에 대한 정확한 특성을 연구하는 것은 용신을 찾아서 운세를 대입하는 것과 함께 사주분석의 핵심이라고 하겠습니다.

따라서 십성의 특성을 제대로 이해한 다음에 이 단원은 그 흐름을 사색을 통해서 다져가는 것이 효과적이라고 말씀을 드립니다.

이 단원에서 중복되는 것은 바로 옆에서 직접 작용하는 점과 떨어져서 간접 작용하는 부분으로 나누어 생각할 수가 있으며

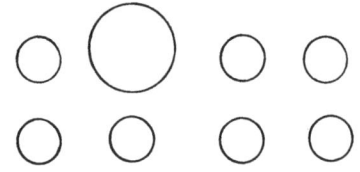

두 십성간의 심리적 결합과 변화를 생각하면서 공부하는 것이 좋을 듯 합니다.

십성의 중복과 심리분석 15

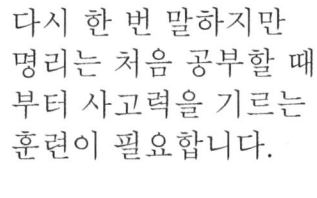
다시 한 번 말하지만 명리는 처음 공부할 때부터 사고력을 기르는 훈련이 필요합니다.

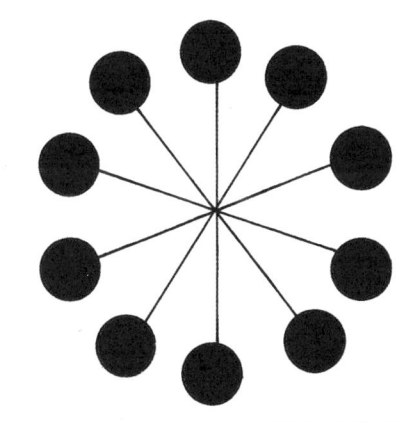
십성이 중복된다는 것은 명식에서 십성이 독립적으로 나타나는 것이 아니라, 여러가지 혼합되어 상황에 따라 다르게 나타나기도 하는 것입니다.

2개의 중복된 심리구조가 상호 작용을 하는 것을 이해하고 읽어내는 훈련을 한다면, 나중에 명식에 나타나는 7개의 십성이 결합된 상태에서 나타나는 심리구조를 읽어내고 분석을 할 수가 있습니다.

▶ 정인 & 정인

정인의 수용성은 빠르지만 수용성이 중복되는 현상이 생기므로 어떤 판단을 내려야 할지 혼란이 생기며 빠른 결단을 기대하기 어렵고 망설이는 성향을 보인다고 할 수 있습니다. 정재처럼 너무 꼼꼼하게 생각하는 경우도 있습니다.

▶ 정인 & 편인

정인과 편인이 겹치면 사물을 보는 센스가 있지만 수용성 [긍정&부정]이 혼란을 일으켜서 방향성에 문제성을 보이며 결단을 내리지 못하고 우왕좌왕 하는 심리구조로 봅니다. 주변에서 재성이 통제를 해준다면 감소한다고 봅니다.

▶ 정인 & 비견

정인이 비견을 만나면 직관력에 주관이 더해져서 보수적인 성향이 발현되어 자신의 지식에 대한 고집으로 비쳐지기도 합니다. 자신의 소신을 지키는 점은 좋습니다.

▶ 정인 & 겁재

정인이 비견을 만난 것과 비슷하지만 겁재의 특성이 경쟁심이므로 승리를 위해 무리수를 놓을 수 있는 심리적 구조를 가질 수 있습니다. 추진력은 좋습니다.

▶ 정인 & 식신

직관력에 탐구심의 작용을 한다면 학문연구에 적합한 심리 구조이며 비견이 작용을 해 준다면 학자로서 대성 할 수 있는 성격을 가졌다고 하겠습니다. 그러나 강한 인성이 식신을 바로 옆에서 충극하는 구조라면 자신의 능력을 펼치기 어려운 구조가 됩니다.

▶ 정인 & 상관

직관력에 상관의 순발력, 재치가 결합된다면 다양한 방면에서 능력을 발휘 할 수 있고, 이런 구조는 현대 사회에서 적응을 할 수 있는 가장 유리한 점이 있다고 하겠습니다. 이 경우에는 정인이 상관을 옆에서 충극하는 구조라면 재능의 발휘를 하는데 탁월한 모습을 보이기도 합니다.

▶ 정인 & 편재

정인의 직관력이 편재를 만나면 직장이나 사업에서 주어진 일처리를 잘 할 수 있어 관리직이나 관리 유형의 일에 적합 하며 응용력이 있다고 보입니다. 편재가 인성을 극하는 구조 라면 스트레스에 시달리거나 판단력에 문제가 생길 수 있습 니다.

▶ 정인 & 정재

직관력 내지 수용성인 정인과 치밀한 정재가 만나 상황판단 력이 좋고 마무리가 강하지만 인성과 재성의 충극으로 인성이 손상된다면 지나치게 소극적이고 주저하는 형태의 심리가 나타 날 수도 있습니다. 현실에 대한 불만이나 스트레스에 민감한 구조가 되기도 합니다.

▶ 정인 & 편관
정인과 편관이 만나면 직관력에 원칙주의가 결합된 형태로
다소 고집스런 느낌이며 관인상생의 구조가 되면 보수적인
성향을 보일 수 있습니다. 비견이 있다면 더욱 강화됩니다.

▶ 정인 & 정관
직관력과 정관이 함께하면 합리적인 성품으로 볼 수 있으며
대인관계가 무난하고 직장생활에 적응력도 좋게 보입니다.
만일 공무원이라면 성실한 사람이지만 복지부동하거나 이해
관계에 민감한 모습이 될 수 도 있습니다.

▶ 편인 & 편인
편인이 중복되면 신비주의적 사고와 부정적 수용하는 작용이
더 강해지기도 하지만 한편으로는 그 자체를 거부하는 편재
같은 마음 즉 여유로움 혹은 태만함이 생길수도 있습니다.
사고의 폭이 깊어지고 자신의 관심 분야에서는 다양한 지식을
습득할 수 있으나 너무 이론적일 수 있습니다.
편재 같이 대충 즉흥적인 성향을 보이기도 합니다.

▶ 편인 & 비견
비견의 강력한 주체성의 작용으로 편인의 통찰력의 작용이
강하다고 보면 됩니다. 또한 자신이 가지고 있는 지식에 대하여
확신이 너무 강하여 외골수가 될 수도 있습니다.

▶ 편인 & 겁재

편인과 비견의 성분과 비슷하나 편인의 통찰력이 취사선택에 민감한 방향으로 나타날 수 있다고 보면 되겠습니다.

▶ 편인 & 식신

학문에 대해서 깊이 탐구하는 심리가 있습니다. 예리한 직감력이 필요한 직무에서 식신의 탐구력을 극대화 할 수 있으며 예능에 재능을 보이기도 합니다. 그러나 식신이 순기능을 하는데 바로 옆의 편인으로부터 극을 받는다면 자신의 재능을 발휘하는데 걸림돌이 많아 애로점이 많다고 볼 수 있습니다.

▶ 편인 & 상관

자신의 논리를 강하게 펼칠 수가 있고 주변을 설득할 수 있는 힘이 강해서 교주 같은 역할도 할 수 있습니다. (재성의 결실이 추가되면 금상첨화) 강사, 교수, 연예인 등이 적합합니다.
편인이 직접 상관을 충극하는 구조라면 뛰어난 재능을 발휘할 수 있는 구조가 됩니다.

▶ 편인 & 편재

편인의 예리한 직감력과 물질 통제력, 공간개념, 구도개념 그리고 일처리 능력 등으로 볼 수 있는 편재의 즉흥성과 결합하여 분석 능력이 뛰어나서 컨설턴트 같은 능력으로 이해하면 좋겠습니다. 다만 편재에 의해서 순기능을 하는 편인이 통제를 받는다면 사고력의 문제점과 스트레스에 민감한 심리구조를 가지게 됩니다.

▶ 편인 & 정재

편인과 편재와 비슷하지만 정재의 정밀함과 분석력, 일의 마무리 등은 돋보일 수 있겠으나 편인의 통찰력 분석력이 정재에 의해서 머뭇거림이 일어나겠습니다. 정재가 편인에 직접 작용한다면 오히려 어떤 특정한 상황에서 정확한 판단을 할 수 있습니다.

▶ 편인 & 편관

자신의 직관력에 의한 지식을 거의 확신하는 습관을 가집니다. 자신이 확신하는 부분에 대해 맹종할 수 있는 위험이 있으며 비견이 있다면 더욱 심할 수 있습니다.

▶ 편인 & 정관

직관력의 스피드가 다소 늦은 편인(직관력)의 작용으로 합리적인 정관에 영향을 미쳐 상황이 선택을 해야 할 경우라면 오랫동안 고민을 해야 결론을 도출 해 낼 수가 있습니다. 그렇지만 아주 정확하고 합리적인 답을 제시 할 수가 있는 구조입니다.

▶ 비견 & 비견

강한 주체성을 가지지만 때로는 오히려 확신을 가지지 못해 주저하기도 합니다. 천간의 비견 중첩은 자존심이 강하나 흔들릴 수 있는데 흔들리지 않기 위해 자기 주장을 굽히지 않으려고 하며 지지의 비견은 흔들림 없는 주체성으로 보이나 고집스럽게 보일 수 있습니다. 편관처럼 원칙을 고수하려고 합니다.

▶ 비견 & 겁재

주체성과 경쟁심으로 고집이 세고 자기 중심적이 될 수가 있지만 정관이 있으면 다소 여유를 가질 수도 있습니다.
일지의 겁재는 고집이 강합니다.

▶ 비견 & 식신

자신의 강한 주관과 탐구력이 만나는 것으로 한 분야의 대가가 될 수도 있는데 결실을 의미하는 재성이 있으면 더욱 빛을 내겠습니다.

▶ 비견 & 상관

비견의 주체성 영향으로 상관의 승부욕 성향이 자신의 고집대로 진행할 것입니다. 사교적이나 대화의 방법이 서툴고, 자기 주장이 너무 강해서 자신과 뜻이 다른 사람과 논쟁을 하거나 교류가 어려울 지도 모릅니다.

▶ 비견 & 편재

비견의 강한 주관과 편재의 구조적 통제성으로 자칫 자신의 의지를 밀어붙이는 독불장군이 될 수도 있습니다. 그러나 스케일이 커서 리더의 형태로 볼 수도 있습니다.

▶ 비견 & 정재

정재의 정교하고 치밀함이 비견의 주체성에 힘입어서 자신에게 맡겨진 업무를 잘 수행 할 것 같습니다. 자칫 너무 계산적이고 이기적인 성향으로 변질 될 수가 있어서 대인관계에서 다소 경직이 우려됩니다.

▶ 비견 & 편관

비견의 강한 주관과 편관의 원칙주의가 결합되어 고집스럽고 우직한 느낌을 주는데 직장에서 인정을 받는다면 목숨 걸고 충성할 형태의 성격입니다. 다만 융통성이 없어 보입니다.

▶ 비견 & 정관

자존심 강한 비견에 합리적인 정관 성격은 자신에게 주어진 일에 대하여 잔꾀를 부리지 않고 합리적으로 처리하는 전형적인 공무원 스타일 입니다.

▶ 겁재 & 겁재

경쟁심이 치열하여 남에게 지는 것을 참고 못사는 형태로 보입니다. 때로는 정관처럼 합리적이지만 이익을 위해 타협을 하는 점과 비슷하게 보여집니다.

▶ 겁재 & 식신

경쟁심이 강한 탐구, 연구가가 적성으로 연구소 등에서 근무하면 적격이겠으며, 운동 신경이 발달한 사람이라면 스포츠 계통에서 대성 할 수 있는 구조입니다.

▶ 겁재 & 상관

주변 상황에 잘 적응하는 성격으로 보입니다. 다소 요령을 잘 피워 신뢰감이 다소 떨어질 것 같기도 하지만 승부욕이 강해서 경쟁적인 영업이나 프로젝트 사업 등에서 성과를 극대화 할 수 있습니다.

▶ 겁재 & 편재

편재의 변화와 일의 추진력에 경쟁심이 자극을 한다면 다소 과욕으로 인한 무리수를 둘 수도 있지만 빠른 결단력이 필요할 때는 유리할 수 있습니다.

▶ 겁재 & 정재

경쟁심과 치밀함이 결합하여 결과 위주의 사고방식을 가질 수도 있어 경쟁심이 유발되면 목적을 위해 무리한 방법을 이용할 수 있습니다.

▶ 겁재 & 편관
겁재의 경쟁심과 편관의 원칙주의가 만나서 목표를 위한 추진력이 뛰어나겠으며 겁재의 이기주의가 다소 완화 될 수 있습니다.

▶ 겁재 & 정관
겁재의 경쟁심과 정관의 합리성의 결합으로 목표를 성공적으로 이루어 낼 수 있는 구조라고 보이나 자신의 이익을 위해 다소 편법이나 무리수의 우려도 보입니다.

▶ 식신 & 식신
식신이 겹치게 되면 탐구력의 과잉으로 오히려 목표에 대한 집중력이 산만해 질 수 있고 그리하여 결과를 얻기 전에 방향을 바꾸는 형태로 나타나기도 합니다. 또한 식신의 여유로움이 태만함으로 나타나기도 합니다. (외형의 표현력은 상관의 형태, 내면적 심리는 편인의 형태)

▶ 식신 & 상관
똑똑하지만 강한 식상 성분이 너무 활발하여 제어가 되지 않아 자신의 능력을 과신하여 천방지축으로 보이기도 하여 인성의 통제가 필요합니다. 논쟁을 좋아하고 공격적 성향을 보이지만 창의성은 발달되어 있습니다.

▶ 식신 & 편재

식신과 편재가 만나서 스스로 탐구하고 연구하는 구조이나 편재의 즉흥성과 식신의 여유로움이 만나서 탐구력을 보이기 보다는 안빈낙도[安貧樂道] 하려는 성향을 보일 수 있습니다.

▶ 식신 & 정재

탐구, 연구력에 치밀함이 더해져서 좋은 결과를 가져올 수 있는데 방향성을 제대로 잡는 것이 중요합니다. 제대로 된 집중력의 구조라 할 수 있습니다. 때로는 집착이 너무 강하여 무리한 일을 진행할 수 있습니다.

▶ 식신 & 편관

이 구조는 자칫 너무 지나친 몰두와 집착을 가져 올 수도 있는데 자신에게 주어진 일은 어떤 어려움이 있더라도 수행 할 수 있는 점은 장점이라고 보겠습니다. 식신과 편관이 직접 작용하고 순기능을 한다면 어려운 일을 겪더라도 전화위복을 하는 명[命]이라고 할 수 있습니다.

▶ 식신 & 정관

자신의 노력이나 능력을 합리적으로 활용할 수 있는 구조로서 사회적으로 인정을 받을 수 있지만 혹 기회주의 성향이 보일 수도 있다는 점에 유의해야 합니다. 정관이 약한데 식신이 극을 받는다면 관이 피해를 입는 것을 예상해야 합니다.

▶ 상관 & 상관

상관이 겹치게 되면 재치가 넘쳐 남에게 신뢰를 줄 수가 없어질 수도 있고 상관의 욕심과 성급함이 지나쳐서 마무리 능력이 떨어질 수 있는데 인성이 통제를 해준다면 오히려 탁월한 수완가가 될 수도 있습니다. 또한 재성이 강하게 설기해주고 일간이 힘이 있다면 대단한 수완가가 될 수 있습니다.

▶ 상관 & 편재

재능을 최대한 살릴 수 있는 구조입니다. 다소 결과를 먼저 생각하는 결점이 보이기도 하지만 제대로 수양을 쌓아서 일을 시작하면 큰 성공을 할 수가 있는 뛰어난 전략과 추진력이 돋보이는 구조로 봅니다. 그러나 일간이 무력하면 기[氣]의 손실을 가져 와서 오히려 실속 없이 분주하기만 합니다.

▶ 상관 & 정재

상관이 정재를 만나면 재능을 발휘하기 위해 빈틈없는 준비와 정확한 운용이 가능 하겠지만 때로는 너무 계산적이고 다소 이기적인 평가를 받을 수도 있으며 너무 경쟁심이 강해서 추진력보다는 욕심으로만 비추어 질 수 있습니다. 실제로 소유욕이 강합니다.

▶ 상관 & 편관

편관의 원칙주의적인 성향과 다소 억압적인 형태가 상관의 사교적인 성분으로 다소 통제를 받으므로 다소 활발한 형태로 나타날 수가 있어 외교적인 형태로도 보입니다. 또는 자신의 능력을 올바르고 정당한 방식으로 추진하려는 심리가 돋보이는 구조입니다.

▶ 상관 & 정관

상관의 재능 및 경쟁심과 정관의 합리성이 결합하여 다소 변덕스런 선택을 할 여지가 있다고 보겠는데 일간의 근이 있고 상관을 제어할 인성이 있다면 상관견관의 장점도 생길 수 있다고 봅니다. 그러나 일반적으로는 너무 도전적이고 주변과의 마찰이 많아 직업이나 사회활동에 문제를 불러올 수가 있는 명(命)이 될 수 있습니다.

▶ 정재 & 편재

정재와 편재가 혼잡된 경우로서 정재의 정밀함과 편재의 공간개념이 작용하여 재화의 운용력이 탁월한 특성으로 나타나게 됩니다. 손익에 민감한 성격이 될 수도 있습니다.

▶ 정재 & 정재

너무 알뜰하고 치밀한 구조로서 결과에 대하여 과민한 집착현상이 나타나 보입니다. 겁재의 형태가 나타날 수 있습니다.

▶ 정재 & 편관

정재의 정밀함과 편관의 원칙주의 심리가 때로는 사소한 일에 고집을 피울 수 있다고 보입니다. 자신의 틀(소신)이 강하고 너무 세심한 부분에 대하여 옳고 그름을 따져보는 심리구조 때문에 대인관계에서 무난하지 못하다는 평을 들을 수 있습니다.

▶ 정재 & 정관

정재와 정관이 같은 이성적인 심리형태인데 정재의 사소한 일에 집착하는 부분이 정관의 합리성에 의해 다소 완화되어 보입니다. 자신에게 주어진 일을 무리 없이 잘 수행하는 형입니다. 그러나 너무 현실적이고 다소 손익관계가 너무 밝다는 평을 받을 수도 있습니다.

▶ 편재 & 편재

편재가 중복되면 비견과 같이 보는 특성을 가지고 있습니다. 어떤 일이든 자기 주도적이고 대범하게 밀고 나가려는 특성을 보이게 됩니다. 다만 비견과 다른 점은 편재는 외형만 그렇게 보일 뿐 실질적인 힘은 부족합니다. 그러므로 자칫하면 허풍선 같은 경우가 될 수도 있습니다.

▶ 편재 & 편관

편재의 스케일 큰 공간개념과 편관의 원칙주의적 인내심은 그릇이 크고 대범하며 리더 기질로 나타납니다. 그러나 일간의 근[根]이 있어야 하며 일간이 약하면 주변 환경을 주도하지 못하고 끌려 다니게 됩니다.

▶ 편재 & 정관

정관의 합리성과 편재의 즉흥성은 서로 조화롭지 못한 특성입니다만 편재의 특성이 정관의 특성에 연결되면 전체구조를 합리적으로 판단하는 능력이 되거나 편재의 성급한 성취욕이 정관의 판단을 흐려 편법을 사용하는 특성으로 나타나게 됩니다. 이것의 정당성 여부도 일간의 힘과 연관시켜서 봐야 합니다.

▶ 편관 & 편관
편관이 강하게 나타나면 스스로의 억압심리가 강해서 스트레스를 많이 받고 대인관계에 적응이 쉽지 않을 수 있으며 심하면 피해의식이 있을 수 있습니다. 인내심이 강하고 자신에게 주어진 업무 수행은 잘 한다고 봅니다.

▶ 편관 & 정관
억압심리는 편관과 편관일 때보다 완화되어 보이나, 정관의 합리성에 의해 남을 위해서 살아가는 삶이 될 가능성이 높습니다. 사회봉사, 종교인 등, 아니면 가족을 위해 희생하는 심리구조라고 하겠습니다.

▶ 정관 & 정관
합리적 성품이 강해 사무적인 일에 충실하겠으며 때로는 상관과 같은 형태의 사교성과 재치를 보일 수도 있습니다. 과중한 업무를 감당하다가 몸이 지칠 수 있음에 주의를 해야 합니다.

십성의 혼잡

혼잡이라 하면 명식(命)에서 정·편이 함께 할 때를 말하는데요!

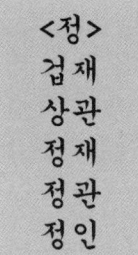

여기서 정·편이란, 일간과 음양이 다른 것[정]과 일간과 음양이 같은 것[편]을 뜻합니다.

<정>	<편>
겁재	비견
상관	식신
정재	편재
정관	편관
정인	편인

또한 혼잡은 같은 <정>이라도 천간과 지지에 있으면 어느 정도 혼잡으로 볼 수 있으며, 마찬가지로 같은 <편>이라도 천간과 지지에 있다면 혼잡으로 볼 수 있습니다.

이런 식으로 예를 들 수 있죠!

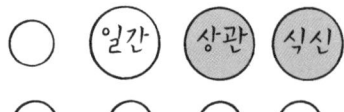

명식에서 <정·편>이 함께 하는 경우

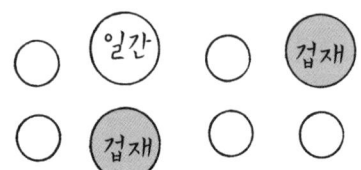

같은 <정>이라도 천간과 지지에 있는 경우

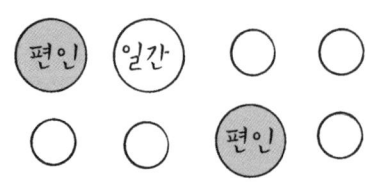

같은 <편>이라도 천간과 지지에 있는 경우

▶ 비겁의 혼잡
다른 사람에게 뒤처진다는 생각을 하기 쉬우며 그래서 2인자 같은 처신을 하는 경우가 많습니다.

▶ 식상의 혼잡
목표가 분산되기 쉬우며 시종일관 밀어붙이는 힘이 부족합니다. 논쟁을 하는 구조이나 재능이 많고 똑똑합니다.

▶ 재성의 혼잡
소유욕이 강해지며, 남자인 경우 이성으로부터 주목을 받을 수 있고 따라서 이성관계가 복잡 할 수 있습니다. 직업 외에 잡기에 빠져들 수 있습니다. 재화의 운용능력이 발달하게 됩니다.

▶ 관성의 혼잡
주어진 환경에 대한 사명감이 높아 자신을 희생해서라도 이타적인 삶을 살 수 있으며, 직업의 변화가 많을 수 있으며, 여자는 남성으로부터 호감을 가질 수 있는 기운을 가지고 있으므로 경우에 따라 이성문제가 발생할 소지가 있습니다.

▶ 인성의 혼잡
수용력의 혼잡으로 판단력은 오히려 발달될 수 있으나 정작 양자 선택의 상황에서는 머뭇거리는 심리가 나타나며, 따라서 우유부단하게 보여지는 경우가 많습니다.

처음에 60갑자는 *순차음양 이었습니다.

```
      -  +  -  +  -  +  -  +  -  +
      癸 壬 辛 庚 己 戊 丁 丙 乙 甲
      亥 戌 酉 申 未 午 巳 辰 卯 寅 丑 子
      -  +  -  +  -  +  -  +  -  +
```

甲乙丙丁…순으로, 子丑寅卯…순으로!
항상 시작은 양(+)부터!

※순차음양: 순서대로 음양을 주는 것!

```
      -  +  -  +  -  +  -  +  -  +
      癸 壬 辛 庚 己 戊 丁 丙 乙 甲
      亥 戌 酉 申 未 午 巳 辰 卯 寅 丑 子
      -  +  -  +  -  +  -  +  -  +
```

그런데 우리가 지지론에서 배운 지지의
음양이 조금 바뀐게 보이시나요?

이것을
'체용이 바뀌었다'고
하는데요.

왜 바뀌었을까요?

그 이유는 지장간 때문입니다.
명리에선 지장간을 쓰기 때문에
우리가 바꿔쓰는 것이죠!

예를 들어—
원래 子는 양(+)이었지만, 子水의
지장간 비율은 壬 : 癸 (10 : 20)으로
음수인 癸가 더 세기 때문에
음(-)으로 표기.

하지만 원래의 기본 구조는 순차음양이기
때문에 순차음양에 의한 양은 양대로,
음은 음대로 모아 봅시다.

(+)	壬	庚	戊	丙	甲	**천간**
	戌	申	午	辰	寅	子 **지지**
(−)	癸	辛	己	丁	乙	**천간**
	亥	酉	未	巳	卯	丑 **지지**

그리고 다음과 같이 甲子, 甲寅, 甲辰 …의 순으로 묶고, 丙도 마찬가지로 丙子, 丙寅, 丙辰 …의 순으로 묶습니다.

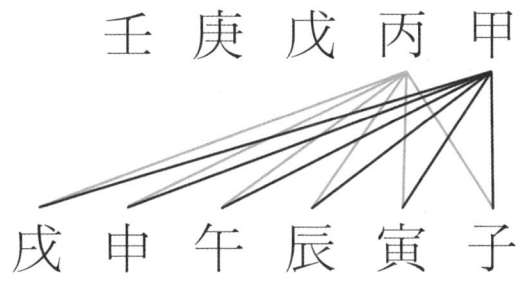

나머지 천간들도 같은 방법으로 묶으면 총 **30개**가 나옵니다. 음도 마찬가지로 **30개**가 나오며, 음과 양을 모두 합치면 **60개**가 나옵니다.

壬 庚 戊 丙 甲
戌 申 午 辰 寅 子   30개

\+

癸 辛 己 丁 乙
亥 酉 未 巳 卯 丑   30개

그래서 60갑자가 되는 거죠!

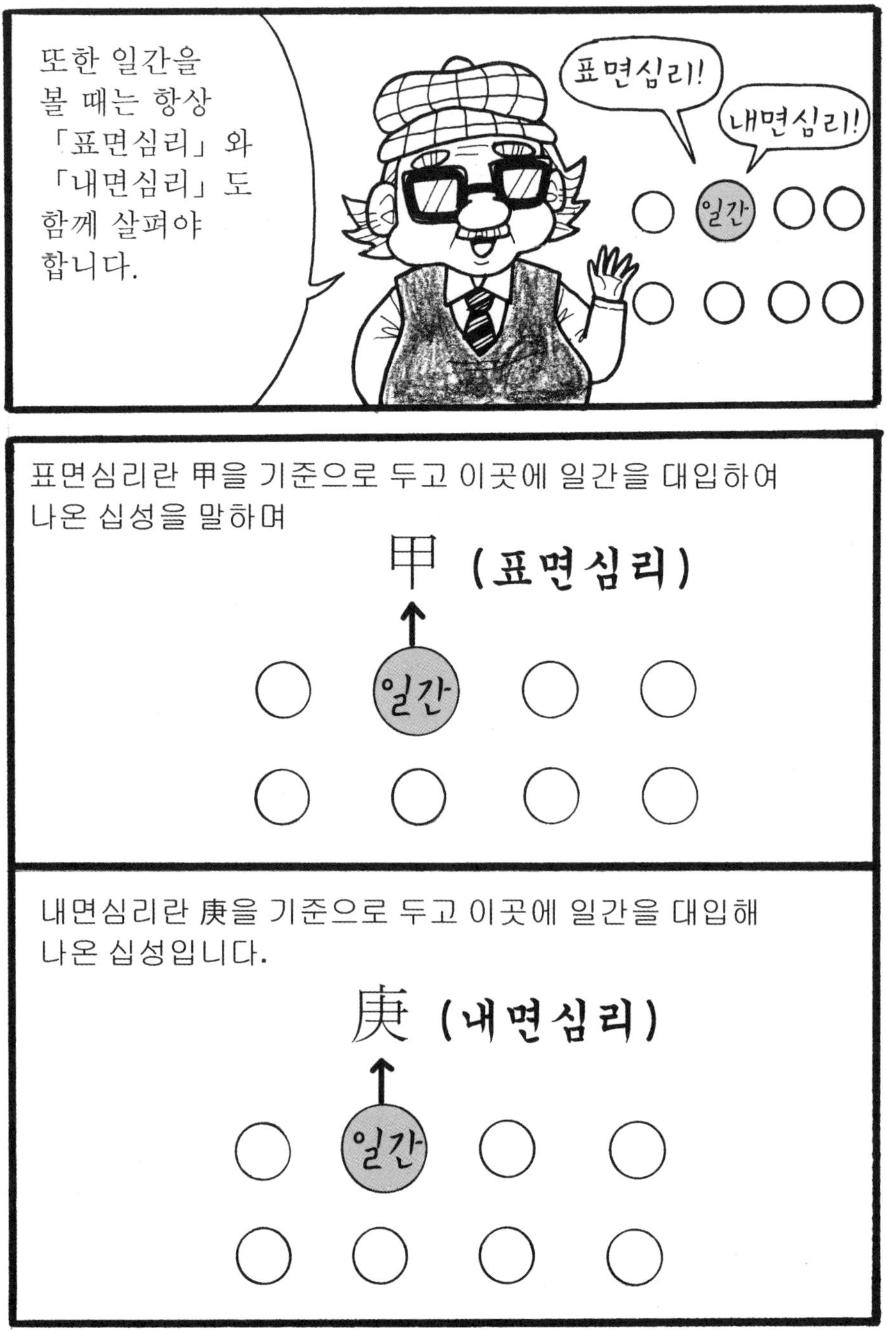

또한 일간을 볼 때는 항상 「표면심리」와 「내면심리」도 함께 살펴야 합니다.

표면심리!
내면심리!

표면심리란 甲을 기준으로 두고 이곳에 일간을 대입하여 나온 십성을 말하며

甲 (표면심리)

내면심리란 庚을 기준으로 두고 이곳에 일간을 대입해 나온 십성입니다.

庚 (내면심리)

예를 들어 丁火가 일간일 때, 표면심리와 내면심리는

| 기준
甲
庚 | 일간
丁火 | 표면심리: 상관

내면심리: 정관 |

각각 상관과 정관이 됩니다.

庚金이 일간일 때는 표면심리는 편관, 내면심리는 비견이 됩니다.

| 기준
甲
庚 | 일간
庚金 | 표면심리: 편관

내면심리: 비견 |

다른 일간들도 이와 같이 살피면 됩니다.

그리고 甲, 丙, 戊, 庚, 壬의 양간은 표면심리가 더 잘 드러나고

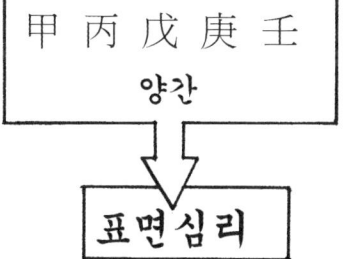

乙, 丁, 己, 辛, 癸의 음간은 내면심리가 더 잘 드러납니다.

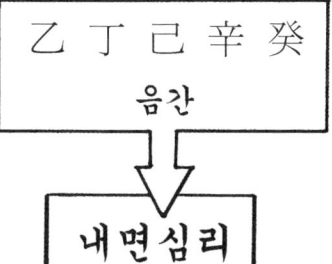

▷ 표면심리

甲木을 표면심리의 기준점으로 두는 이유는 木이 양의 출발과 더불어 자신의 기운을 밖으로 드러내기 시작하는 의미를 가지는데 甲木은 양으로서 외향을 상징하기 때문입니다.

다른 의미로 찾아 본다면 甲木은 유년기 아이와 같아서 자신의 속내를 있는 그대로 표현하기 때문입니다.

▷내면심리

庚金을 내면심리의 기준으로 보는 이유는 甲木이 감정형으로 매사 표현에 적극적이라면, 이성형으로서 庚金은 甲木과 대칭점에 있기 때문입니다.

그럼 지금부터 일주의 심리분석을 시작해 봅시다!

먼저 甲木의 특징을 떠올려 보세요. 큰 나무와 유년기를 함께 생각하라고 했었죠?

표면심리와 내면심리를 찾는 것도 잊지 마세요.

해당되는 지지의 오행적 특성과 십성의 특성을 전제로 甲木의 특성을 함께 고려해 봅시다.

특징을 단순히 외우는 것이 아니라 연상하며 읽어내야 합니다.

甲(표면심리): 비견   甲木   庚(내면심리): 편재

미래지향적, 호기심, 1등기질, 창의성
동심, 일을 잘 시작하지만 뒷마무리가 약함….

정인	비견	편재	상관	편관	편재
甲	甲	甲	甲	甲	甲
子	寅	辰	午	申	戌
壬	戊	乙	丙	戊	辛
癸	丙	癸	己	壬	丁
	甲	戊	丁	庚	戊

앞서 배운 지장간과 지지삼합을 참고로 木의 일생도 살펴봅시다. 그래야 어떤 木이 힘이 있는 지 없는 지를 알 수 있죠.

<木의 일생>

*木의 주 활동영역에 해당하는 甲子 甲寅 甲辰은 안정감이 있습니다.

60갑자를 공부할 때는 표면심리와 내면심리는 물론 각 십성의 특징 및 오행의 특성도 읽어야 하며, 지지 뿌리의 힘도 읽어야 하고, 지장간 속 본기인 천간의 특성을 십성에 대입하여 설명해야 합니다.

甲子 (壬 癸) 정인

甲子는 물이 많은 땅에 있는 나무입니다. 이런 나무는 어떨까요?

물이 많기 때문에 천천히 먹을 수 있죠. 즉, 여유롭습니다.

그리고 나무는 어린 아이에 비유할 수 있다 했는데요. 아이들은 먹을 것이 있으면 조용합니다. 또 남에게 나눠줄 줄도 알죠.

십성의 정인은 상황판단과 이해력이 빠르며 순수하고 정도 많고, 센스가 있죠.

그래서 甲子는 눈치가 빠르며 수용력이 좋고, 水가 있기 때문에 설치지 않고 마음에 여유가 있습니다.

〈甲子〉
甲木의 비견과 일지 정인의 결합관계로서 癸水 정인의 빠른 이해력과 수용력을 바탕으로 甲木의 강한 추진력이 돋보이는 형태로서, 순수하지만 학자적 고집이 느껴지는 심리구조로 봅니다. 그러나 심리적으로는 안정감과 여유가 느껴지는 구조입니다.

甲寅 (戊丙甲) 비견

비견은 나와 같은 건전지가 또 있는 것이죠.

즉, 추진력과 주체성이 강하고 힘이 더 세집니다.

寅木은 甲木과 같은 木으로서

위에 타는 놈이 잘난 놈!

큰 나무 두 개, 뻣뻣함, 고집!

친구 위에 목마를 타고 있는 모습으로 비유할 수 있습니다.

즉, 내 밑에 친구들이 더 있으므로 내가 우상이며 그로 인해 배짱이 있고 고집도 셉니다.

또한 힘이 있으니 여유롭고 자신감이 넘칩니다.

<甲寅>
지지 寅木의 비견으로 인해 스스로에 대한 자부심이 대단합니다. 골목대장 스타일로 추진력이 강하고 주체성이 강해 때로는 고집스럽게도 보이지만 비교적 강자의 여유로움도 느껴집니다. 지장간의 식신의 영향으로 한 곳에 대한 집중력을 기대해 볼 수 있습니다.

甲辰 (乙癸戊) 편재

辰土는 습토로 물이 촉촉히 있는 땅에 있으니 버틸만 합니다.

촉촉한 땅에 있으니 기분이 괜찮아.

내가 극하는 구조인데도 힘이 안들어.

일지 편재는 자기 주도형으로 내 맘대로 하려는 성향이 강하게 나타납니다.

〈자기 주도형〉

왜냐하면 편재란 '내'가 강하게 극하는 구조이기 때문에 「내가 상대를 제압할 수 있다」는 의미가 되죠.

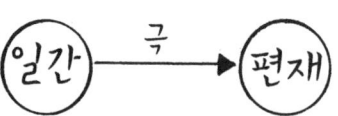

즉, 매사를 자기 주도적으로 하려는 성향이 나타납니다.

그러므로 甲辰은 자기 뜻대로 하고 싶어하며, 여유로워 풍류를 즐기기를 좋아합니다.

〈甲辰〉
일지 편재로 인해 매사에 스스로의 의지대로 행동하는 형으로 자신감 있고 여유로운 심리를 가져 풍류 기질이 있다고도 합니다. 甲木이 辰土에 앉아 자신의 기질을 뜻대로 펼치고 싶어하며, 인생을 즐기며 사는 타입입니다.

甲午 (丙己丁) 상관

<甲午>
甲午는 주관이 강하고 재능이 많으며 스스로 우월감으로 인해 다른 사람을 무시하는 듯한 경향이 있으나, 상대가 객관적으로 인정할 만한 것으로 판단되면 자신의 생각이 틀렸다는 것을 인정하게 됩니다. 화기 위의 木이라서 다혈질이며 조급한 성향이 있습니다.

또한 십성인 편관의 영향으로 원칙적이며 책임감이 강하고, 심리적으로 답답하기 때문에 [억압심리] 뭔가 돌파구를 찾으려는 특성도 강합니다. 즉, 강한 삶의 의욕을 가지고 있다고 할 수 있죠.

〈甲申〉
바위 위의 소나무 처럼 다소 불안 하면서도 자신의 입장을 고수하고 유지해 가는 구조로 보입니다. 강박관념이 있으며 자신의 의지를 자신 있게 추진하기 보다는 주어진 여건에 충실하는 사람입니다.
지장간의 관인상생의 구조로 명분 속에서 스스로 자제를 할 줄도 알며, 환경에 대한 적응력이 좋으며 삶에 대한 끈기와 인내가 느껴지는 구조입니다.

甲木이기 때문에 겉으로는 여전히 잘난척을 하지만 속으로는 초조합니다.

또한 지장간의 상관견관의 영향으로 도전 정신도 가지고 있습니다.

〈甲戌〉
편재 성향이 강하여 성취욕과 물욕이 강하면서도 자신의 재능을 과시하고 모든 일을 자신의 뜻대로 하려는 심리를 가지고 있습니다. 스케일이 크고 결단력이 있어 사업적인 성향도 강하지만 심리적 안정감이 부족하고 성급한 경향이 있습니다.

| 甲(표면심리): 겁재 | 乙木 | 庚(내면심리): 정재 |

생동감, 환경적응력, 실속형
이해타산적….

편재	비견	상관	편재	편관	정인
乙	乙	乙	乙	乙	乙
丑	卯	巳	未	酉	亥
癸辛己	甲乙	戊庚丙	丁乙己	庚辛	戊甲壬

*木의 주 활동영역에 해당하는 乙丑, 乙亥, 乙卯 일주는 비교적 안정감이 있습니다.

이번에는 乙木 일주들 입니다. 음간이기 때문에 내면심리가 더 잘 드러나죠.

또한 지지는 항상 오행적 특성과 십성을 함께 고려해 살피세요.

乙丑 (癸辛己) 편재

丑土는 습토입니다.
辰土와 더불어 木이 좋아하는 土죠.

乙木의 현실적이고 이해타산적인 면은 십성의 정재 같은 느낌도 들지만

乙
丑   젖은 땅 + 편재
      (오행)   (십성)

젖은 땅과 편재 성향 위에 앉아 낙천적이고 마음이 여유롭습니다.

또 지장간의 관인상생의 영향으로 다소 보수적이지만

乙
丑
癸辛己 편인
       편관 → 관인상생

내면에는 스케일이 크고 자기 주도적인 면도 가지고 있습니다.

<乙丑>
외형으로 보기에 다소 내성적이고 보수적인 면이 있지만 적응력이 좋고, 그 내면에는 자기 주도적이며 그릇이 커서 리더십이 필요한 직업이나 사업성향을 가지고 있습니다.

음(-)들은 내면적으로 간직하고 있기 때문에 양(+) 처럼 겉으로 드러내지 않습니다.

그래서 乙卯 일주는 상당히 자기 주관과 추진력이 강하며 고집도 셉니다.

<乙卯>
주위 사람들과 잘 어울리며 붙임성도 있고 소탈한 면도 있지만 고집이 단연 독보적 입니다. 주관이 강하고 의지력이 남달라서 어떤 일을 만나도 노력해서 성취하는 끈기를 가지고 있습니다.

乙巳 (戊庚丙) 상관

乙巳 상관은 甲午 상관과 비교할 수 있습니다.

이 둘은 같은 상관이지만 그 특성은 서로 다르죠.

어떻게 다를까요?

바로 지장간으로 구분할 수 있는데요.

午 : 丙 己 丁
巳 : 戊 庚 丙

*지장간에선 본기가 가장 핵심이니 본기로 비교해 봅시다.

午火의 지장간의 본기는 丁이고, 巳火의 지장간의 본기는 丙 입니다.

본기
午 : 丙 己 **丁**
巳 : 戊 庚 **丙**

그러므로 午火 상관은 丁火 상관이 되고, 乙巳 상관은 丙火 상관이 됩니다.

丁火는 따뜻하고 남을 배려해 주지만 건드리면 폭발하는 특징이 있고,

따끈 따끈~

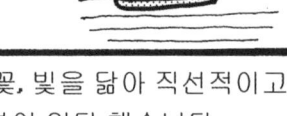

丙火는 불꽃, 빛을 닮아 직선적이고 사리분별력이 있다 했습니다.

번쩍 번쩍

乙未 (丁乙己) 편재

乙未는 마음만 급한 편재가

9 : 3 : 18
乙未 (丁:乙:己)
식신

未土 지장간 속 丁火 식신의 특성인 손재능을 갖게 됩니다.

따라서 乙未 일주는 즉흥적이고 공간 개념이 발달한 편재 성향과 식신의 손재능이 만나

식 신 + 편 재

감각적이고 예술적인 특성을 가지게 됩니다.

<乙未>
乙未는 감각적이고 섬세한 부분을 표현하는 기능이 발달되어 있습니다. 때때로 충동적이고 즉흥적인 성향을 보입니다. 손재주가 있거나 미각의 발달, 그리고 공간개념의 발달로 설계에 연관된 일에 흥미를 느끼며, 사업에 대한 욕심이 강합니다.

乙酉 (庚 辛) 편관

乙酉는 지장간이 온통 金으로만 이루어진 아주 강한 편관입니다.

酉
<庚 辛>

甲申과 비교할 때, 申金의 지장간 속에는 壬水가 있어 甲木이 어느정도 버틸 수 있으나

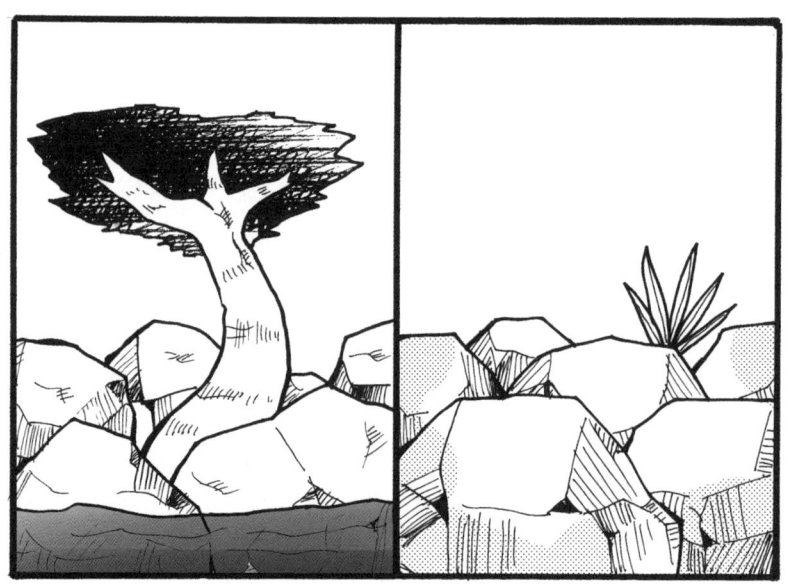

酉金 속에는 물이 아예 없습니다.

따라서 乙酉는 매우 불안한 심리구조로 상당히 예민하고 스트레스에 취약합니다.

<乙酉>
바위 위에 올라 앉은 잔디 같은 형상입니다. 즉, 주변 상황이 어려운 환경에서 간신히 버티고 있는 끈질긴 생명력을 상징하고 있습니다. 정서불안의 구조로서 스트레스에 민감한 형태로 보입니다. 그러나 책임감은 강하게 나타납니다.

乙亥 (戊甲壬) 정 인

乙亥는 木을 생해주는
水 위에 있으므로
안정적인 심리구조를
가지고 있습니다.

따라서 생동감이 넘치고 여유로우며, 활동력이 뛰어나고 정인의 영향으로 상황판단이 빠르며 정도 많습니다.

<乙亥>
상황판단이 빠르고 경쟁심이 강해 생활력이 강하게 보입니다. 대인관계가 좋고 심리적 안정감을 가지고 있는 장점을 가지고 있지만 때로는 내 방식대로를 고집할 수 있습니다.

일주의 심리구조

甲(표면심리): 식신　丙火　庚(내면심리): 편관

직선적, 열정적, 사리분별력, 순발력, 급함….

丙子	丙寅	丙辰	丙午	丙申	丙戌
壬　癸	戊丙甲	乙癸戊	丙己丁	戊壬庚	辛丁戊

<火의 일생>

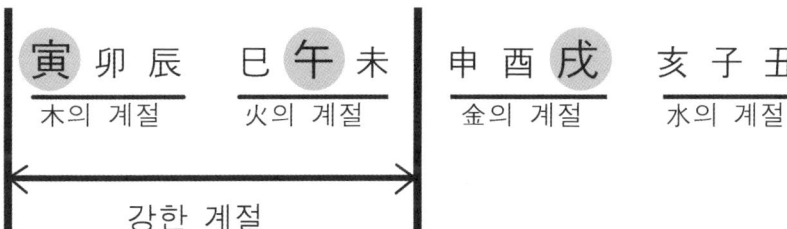

*火의 주 활동영역에 해당하는 丙寅, 丙辰, 丙午 일주는 안정감이 있습니다.

丙子 (壬 癸) 정관

水의 기운으로 인해 丙火의 열정적이고 성급한 면은 다소 떨어지지만 정관의 합리적이고 객관적인 면이 丙火의 특성에 더해져 사리분별력이 뛰어나게 됩니다.

<丙子>
사리분별력이 뛰어나며 합리적인 생각이 강합니다. 일지 子水가 정관이지만 편관적인 잠재 성분의 발동으로 약한 丙火는 스스로 억압하는 형태가 되고 추진력이 떨어지는 모습을 보일 수 있습니다.

丙寅 (戊丙甲) 편 인

寅木은 木 중에서도 木生火를 제일 잘 하는 건목입니다.

따라서 건목으로부터 生을 받은 火는 그야말로 丙火 다운 丙火가 됩니다.

여기에 편인의 특성이 합쳐져 丙寅은 자기 확신이 대단히 강하며 아주 열정적이고 고집스럽게 보입니다.

○ ○ ○ ○
○ 편인 ○ ○

일지 편인은 자기 확신이 강하죠!

<丙寅>
선이 분명하고 직관에 대한 성분이 매우 활발하게 작용하여 주관이 뚜렷하고 소신을 굽히지 않으려는 성향이 매우 강합니다. 탁월한 통찰력을 발휘하고 자신의 재능을 연구하여 강력히 추진하는 성향이 있습니다.

丙辰 (乙癸戊) 식신

辰土는 水기를 가진
습토이기 때문에

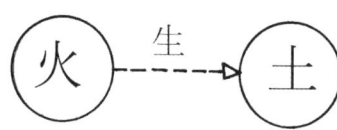

丙火의 기운을 많이
빼앗게 됩니다.

따라서 丙火의 성급한 면이
辰土에 의해 다소 떨어지게 되나

대신 丙辰 식신의 특성이
나타나게 되죠.

즉, 丙火이지만 식신의 영향으로 자신의 일에 집중할 수 있는
구조를 가지게 됩니다.

또한 지장간을 살펴보면 관인상생의 영향으로 명분을 중시하며 소신을 지키는 선비 같은 면모도 갖추고 있습니다.

<丙辰>
한 가지 일에 몰두하여 자신의 재능을 발휘해 깊이 있는 창의성과 탐구심으로 이름이 높아지는 학자적 구조를 가지고 있습니다. 항상 꾸준히 노력하려는 심리가 강하게 작용합니다.

丙午 (丙己丁) 겁재

지장간이 전부 火로 이루어진 그야말로 천간, 지지가 모두 불인 丙午 일주입니다.

그래서 丙午는 '천하의 丙午 일주라 감히 대적할 자가 없다' 고도 말하죠.

불이야!

따라서 丙午는 대단한 열정과 급하고, 불의를 보면 못 참고, 고집도 제일 센 아주 강한 火기 입니다.

폭발적인 火기

그러나 겁재의 영향으로 때로는 타협적인 면도 가지고 있습니다.

<丙午>
의협심과 옳고 그름이 분명한 독불장군적 성향이 아주 강합니다. 고집과 자존심이 정말 강해서 누구도 막을 수 없을 것 같지만 극한 상황에서의 타협을 취하는 능력이 있습니다. 열정과 강한 추진력을 가지고 있으나 때때로 뒷심이 부족하여 용두사미의 결과를 가져오기도 합니다.

지장간 속 壬水(편관)이 있기 때문에 자신의 뜻대로 밀고 나가다가도 스스로에게 브레이크를 걸 줄 아는 사람입니다.

<丙申>
소신이 강하고 즉흥적인 순발력과 수완, 그리고 의욕은 강하고 자신의 의지대로 밀고 나가는 성향이 강하지만 의외로 극단의 상황까지 가지는 않고 스스로의 자제력을 발휘합니다.

丙戌 (辛丁戊) 식신

丙戌의 戌土는 습토가 아니기 때문에 丙辰 보다 火가 덜 빠지게 됩니다.

즉, 火기가 이전되는 것이 적기 때문에 火의 성향이 많이 남아있게 되죠.

따라서 丙戌은 강한 火의 성향이 식신과 만나 열정을 가지고 한 곳에 집중할 수 있는 능력이 뛰어나게 됩니다.

물론 지장간 속 정재의 영향도 받게 됩니다.

丙 戌
戌 (辛 丁 戊)
정재

<丙戌>
열정과 고집스럽게 자신의 생각을 밀고 나가는 작용이 강하여 탐구, 연구력이 강하게 작용합니다.
때때로 집요한 면과 현실적인 이익에 치중할 수 있습니다.

甲(표면심리): 상관　丁火　庚(내면심리): 정관

열기, 따뜻함, 자기 희생적,
배려심, 건드리면 폭발….

丁	丁	丁	丁	丁	丁
丑	卯	巳	未	酉	亥
癸辛己	甲乙	戊庚丙	丁乙己	庚辛	戊甲壬

<火의 일생>

*火의 주 활동영역에 해당하는 丁卯, 丁巳, 丁未 일주는 안정감이 있다고 하겠습니다.

*丁火는 음간이기 때문에 내면심리가 더 잘 드러납니다.

丁丑 (癸辛己) 식신

丑土는 겨울 土라
火의 힘이 많이 빠져
나갑니다.
식신은 깊이 파는 것을
의미합니다. 즉, 주어진 일에만
들이파는 성향이 있으며
현실에 충실합니다.

또한 지장간 속 재생관의 영향도 함께 생각해야 합니다.

丁 丑 (癸 辛 己)
편관 + 편재 → 재생관
(관료적, 주어진 일에
충실하는 성향)

이러한 모든 것들을 종합하여
丁丑 식신의 특징을 생각해 봅니다!

<丁丑>
따뜻한 성품으로 자신의 감정이나 능력을 표현하는 기능이
탁월합니다. 주어진 여건에 충실하는 느낌을 주는 식신으로
보입니다. 전체 명식이 신약한 형태면 억압의 부작용으로
작용하는 식신으로 볼 수도 있습니다.

丁卯 (甲 乙) 편인

丁卯는 木들의 생을 받고 있으므로 丁火의 성향과 편인의 성향이 매우 강하게 나타납니다.

이러한 점을 모두 고려하여 丁卯 편인의 특징을 생각해 봅시다.

<丁卯>
강하고 배타적 성향이지만 강한 통찰력을 가지고 있어 예지력이 발달되어 있습니다. 항상 남을 위해 배려하는 따뜻함을 가지지만 자신의 신념에 고집을 세울 수도 있습니다. 그리고 염세적인 성향을 보일 수 있습니다.

丁巳 (戊庚丙) 겁재

<丁巳>
내면적 주체성이 강하고 스스로의 기운을 발산하려는 욕구가 강하며 경쟁심리가 강하게 나타납니다. 음양의 공존으로 인한 갈등구조로서 사소한 일에 스스로 얽매여 갈등하거나 소심해져서 내면적 상처를 입을 수 있습니다.

丁未 (丁乙己) 식 신

<丁未>
남을 배려하고 차분하며 궁리하고 연구하는 성향으로 보입니다. 예의가 바른 사람이라서 윗사람에게 인정 받는 형 입니다. 자신의 생각이 옳다고 생각하는 면이 강합니다.

丁酉 (庚 辛) 편재

내가 극하는 성질인 <재성>의 특징을 모두 가진 丁酉 입니다. 지장간 속 정재의 영향도 함께 생각해 봅시다.

<丁酉>
자신의 의지대로 살려고 하는 기질이 강하며 공간개념이 발달되어 기술자적인 특성과 사업구상이나 사업을 추진하는 능력이 탁월합니다.

丁亥 (戊甲壬) 정관

丁亥는 지장간 속 관인상생의 영향과 상관의 영향을 함께 생각해야 합니다.

丁亥(戊甲壬)

<丁亥>
자신보다 남을 배려하는 성분이 더 강하여 대인관계에서 주변으로부터 칭찬을 받으나 명분을 생각하다 보니 소심한 면이 생겨 어떤 일을 대범하게 밀어 붙이는 힘이 약합니다. 상황 판단이 빠르고 항상 합리적으로 일 처리 하므로 직장 생활에서는 인정을 받습니다.

일주의 심리구조

| 甲(표면심리): 편재 | 戊土 | 庚(내면심리): 편인 |

戊土 일간의 기본적 특성은 무던하고 변함 없으며 우직하고 고독합니다. 신뢰성과 희생정신이 있지만 융통성이 부족해 보입니다.

戊	戊	戊	戊	戊	戊
子	寅	辰	午	申	戌
壬	戊	乙	丙	戊	辛
癸	丙	癸	己	壬	丁
	甲	戊	丁	庚	戊

土는 巳, 午, 未의 계절에 힘을 강하게 받아요.

戊土는 양간이므로 표면심리가 더 잘 드러납니다. 즉, 커다란 산과 숲의 모습(편재)을 동시에 떠올려요!

戊子 (壬 癸) 정재

편재 성향을 보이는 戊土가 정재를 깔고 앉았습니다. 즉, 편재 성향과 정재 성향을 함께 가지고 있겠죠.

그렇기 때문에 겉보기엔 무던하며 대충할 것 같지만 실제로는 계산적이고 정확하며 까다로운 성향을 가지고 있어요!

또한 지장간 속 癸水의 영향으로 센스, 재치를 가진 정재로 볼 수도 있습니다.

<戊子>
戊土의 의연함과 중후함이 정재합으로 인해 의지력이 물질에 대한 한 방향으로 집중되어 재물에 집착할 수 있으나 현실적이고 치밀한 면이 있어 재화의 운용 능력이 발달한 긍정적인 면도 있습니다.

戊寅 (戊丙甲) 편관

木극土로 큰 산을 다듬은 형상으로 볼 수 있습니다. 편관은 참을성을 의미하며 책임감이 강하고 원칙주의죠. 따라서 戊寅은 힘든 상황에서도 약한 모습을 안보이려고 강한 척을 합니다. 또한 木의 성향 때문에 창의적이며 스케일이 크고, 겉으로는 무던하나 사귀어 보면 의외로 순진한 면이 있지요.

〈戊寅〉
자신의 주장을 내세우지 않지만 상황파악은 하고 있으며 책임감, 의무감이 강합니다. 그래서 사회사업(고아원, 양로원)에 종사 할 수가 있습니다. 신강하면 그릇이 크고 지도자적인 품성을 보이기도 합니다.

戊辰 (乙癸戊) 비견

다음은 戊辰 비견입니다. 그런데 여기서 잠깐 짚고 넘어갈 것이 있는데요,

戊土는 일지 비견이 (戊辰, 戊戌) 십간 중 유일하게 힘이 없습니다. 왜 그럴까요?

앞서 우리는 <辰은 봄의 계절에 속하고, 戌은 가을의 계절에 속한다>고 배웠지요.

<원리편>의 쉽게 보는 지장간 참고….

봄(木)	여름(火)	가을(金)	겨울(水)
1月 寅木	4月 巳火	7月 申金	10月 亥水
2月 卯木	5月 午火	8月 酉金	11月 子水
3月 辰土	6月 未土	9月 戌土	12月 丑土

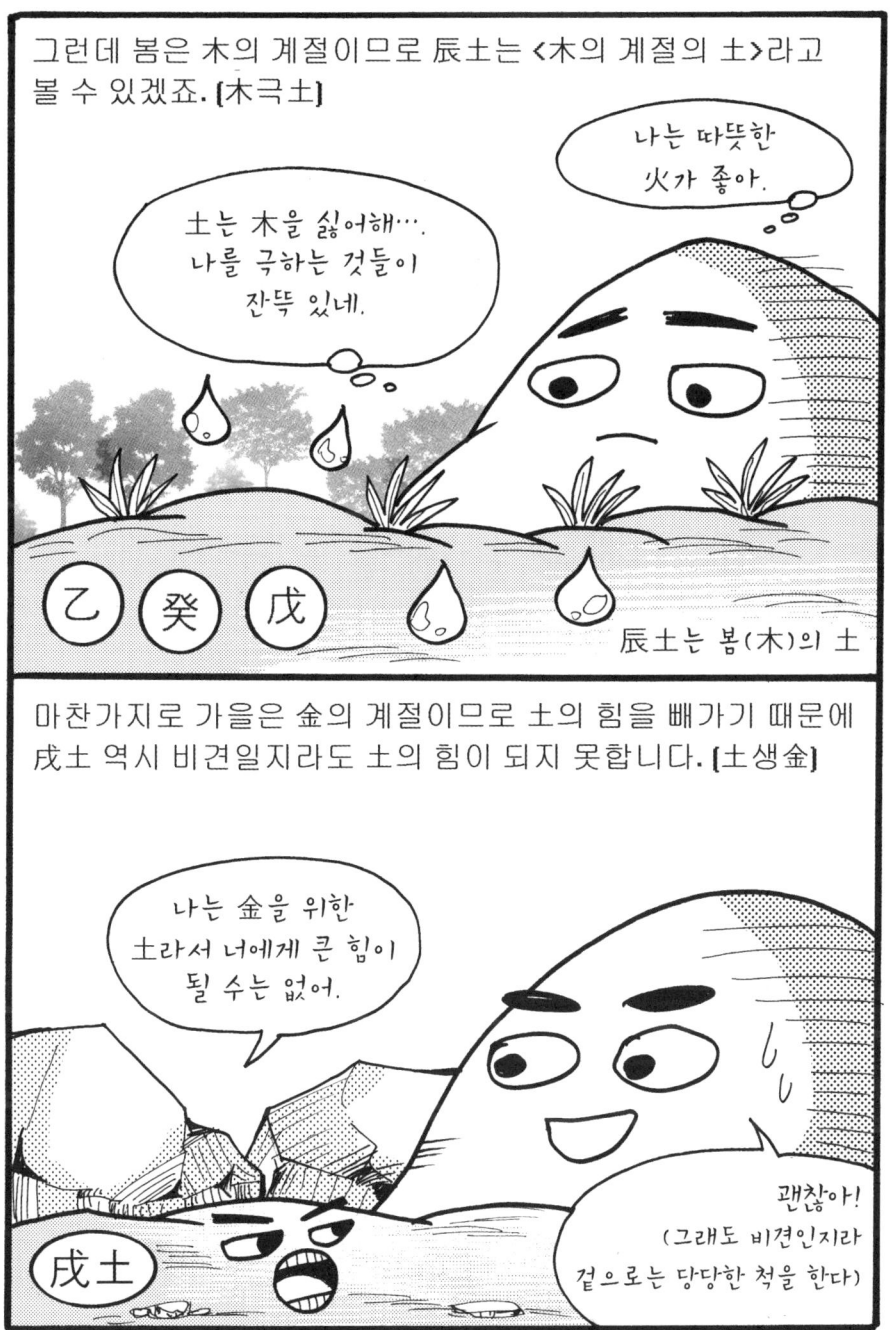

〈戊辰〉
주관이 강하지만 사소한 일에 얽매이는 경향이 있어서 고집스러운 가운데서도 다소 우유부단한 성향으로 나타납니다.
신강하면 사업적인 면에서 능력을 발휘합니다.

戊午 (丙己丁) 정인

土는 火를 제일 좋아하지요.
戊午 정인입니다. 지장간의 특징도 함께 살펴 봅시다.
土가 좋아하는 열기를 공급 받으니 힘이 있고, 정인으로써의 빠른 이해력과 센스, 남을 배려하는 따뜻한 마음씨를 가지고 있습니다.

〈戊午〉
무던하고 성실한 戊土가 지지의 午火를 만나 정이 많고 상황 판단이 빨라서 모범적인 생활을 하는 구조라고 하겠습니다. 자신의 소신을 꾸준히 밀고나가는 근면하고 성실한 사람으로 보입니다. 그러나 다소 개성이 부족하고 남의 말에 쉽게 현혹 당할 수 있는 면도 있습니다.

戊申 (戊壬庚) 식신

戊申 식신은 바위로(庚) 오직 한 가지 일을 천천히, 꾸준히 파는 것으로 볼 수 있습니다.

또한 壬水 편재의 영향으로 여유롭고 낙천적인 안빈낙도의 성향도 가지고 있지요. 따라서 장기적으로 오랫동안 연구하는 직업이 어울립니다.

<戊申>
집중력이 강하고 연구 탐구력이 있으면서도 여유를 즐길 수 있는 구조입니다. 그러나 때때로 투기성이 있어서 사업적인 면에 집중할 수 있는 구조입니다.

戊戌 (辛丁戊) 비견

지장간을 살펴 봤을 때 상관이 들어가 있는 비견입니다. 따라서 역동적이고 도전적이며 사교적인 성향을 가지고 있지요.

戊 戌 (辛 丁 戊)
비견 상관 정인

<戊戌>
우직하고 믿음직스러운 성품에 강력한 주체성을 발휘하는 일에 적성(지휘관)을 보입니다. 고집스러우나 단순하고 순박한 면이 있는데 때로는 재치가 있기도 합니다.

甲(표면심리): 정재 己土 庚(내면심리): 정인

己土 일간의 기본적인 특성은 성실하고 속이 깊으며 측은지심이 있어 불쌍한 사람을 도우려는 사람입니다만 개성이 부족하기도 합니다.

己丑	己卯	己巳	己未	己酉	己亥
癸辛己	甲乙	戊庚丙	丁乙己	庚辛	戊甲壬

己土를 보면 겉모습은 정재라 까칠해 보이지만 내면은 정인의 영향으로 속이 깊고 측은지심이 있으며 정도 많지요!

己丑 (癸辛己) 비견

己丑 비견은 여유롭고 낙천적이며
식상생재의 영향으로 연구하는
수완이 좋습니다.

己
丑 비견

癸 편재
    → 식상생재
辛 식신

己

<己丑>
주관이 뚜렷하고 수용력과 타인에게 베푸는 심성이면서
지장간의 식신 편재의 영향으로 여유로움을 가지고 있습
니다. 편재 성분은 약하나 분류적인 특성은 나타난다고
봅니다.

己卯 일주는 편관이 대단히 강하므로 내게 주어진 일만 하며 살고, 측은지심도 강하여 남을 위해 자신을 헌신하는 삶을 삽니다.

〈己卯〉
편관의 특성은 원국이 신약일 때는 자신을 억압하려는 형태로 나타나서 스트레스, 불안의 심리가 나타나며, 신강할 때는 일관성 있게 자신의 맡은바 일을 충실하게 수행하는 성분으로 나타납니다. 己土의 희생적 특성에 관성의 책임감이 있어 이타적인 의무감이 강합니다.

己巳 (戊庚丙) 정인

己巳 정인은 정재 성향이 정인을 만나 이해력과 상황 판단력이 빠르며 열정도 있습니다.

그러나 지장간 속 丙火의 영향으로 자신이 옳다고 생각하는 부분만 받아들일 수도 있어요.

〈己巳〉
상황판단이 빠르며 측은지심이 있고 정을 베풀려는 심리가 강하나 자신의 주장을 굽히지 않으려는 성향도 있습니다.

따라서 己未 비견은 절대 움직이지 않고 꼿꼿하며 고집이 세지만 관인상생의 영향으로 선비정신이 있고 마음씨도 따뜻합니다.

〈己未〉
정이 많고 남을 위해 자신을 희생할 수 있는 구조입니다.
성실하고 자신의 주관이 뚜렷하여 교사나 공무원 사회복지 사업에 어울리는 구조라고 하겠습니다.
그러나 내면에 숨겨져 있는 강한 고집으로 가끔 주변사람을 당황스럽게 할 수도 있습니다.

己酉 (庚 辛) 식신

己酉 식신은 땅 파는 기계 밑에 차돌을 달은 모습으로 비유할 수 있습니다.

따라서 매우 꼼꼼하게 파며, 집요한 식신 즉, 전문가 기질이 강합니다.

"융통성은 부족해!"

최고의 전문가가 될 수 있지만 좋은 일이든, 나쁜 일이든 열심히 파니 교육과 환경이 중요합니다.

<己酉>
자신에게 주어진 업무에 대한 연구를 활발하게 추진하는 구조입니다. 단순하게 계획대로 일을 추진하기 때문에 쉽게 성공할 수도 있습니다.
참고로, 일지에 子午卯酉가 있는 사람은
목적이 뚜렷하고 단순한 경향이 있고, 일지에 辰戌丑未가 있는 사람은 심리구조도 복잡합니다.

己亥 (戊甲壬) 정 재

〈己亥〉
현실적이며 합리적인 성품과 치밀하고 빈틈 없는 심리구조로 자신에게 주어진 업무를 무리 없이 진행하는 전형적인 업무 스타일로 볼 수 있습니다.

일주의 심리구조

| 甲(표면심리): 편관 | 庚金 | 庚(내면심리): 비견 |

庚金 일간의 특징은 강직하고 소신과 의리가 있으며 이성적 심리구조를 가지고 있으나 유연성이 부족한 점도 고려해야 합니다.

庚	庚	庚	庚	庚	庚
子	寅	辰	午	申	戌
壬	戊	乙	丙	戊	辛
	丙	癸	己	壬	丁
癸	甲	戊	丁	庚	戊

<金의 일생>

巳午未 — 火의 계절
申酉戌 — 金의 계절
亥子丑 — 水의 계절
寅卯辰 — 木의 계절

申酉戌 — 강한 계절

*金은 다른 오행에 비해 스스로가 강하여 도와줄 수 있는 지지가 적습니다.
*뿌리가 있는 庚申, 庚戌 일주는 안정감이 있으며 매우 강합니다.
*뿌리가 없는 약한 庚金들은 남들에게 강인하게 보이려는 성향이 있습니다.

庚子 (壬 癸) 상관

무뚝뚝해 보이는 庚金이 癸水와 상관을 만났습니다. 겉으로는 차가워 보이지만 실제로는 언변이 뛰어나지요. 겉보기와 달리 의외로 재치있고 재미있는 얘기를 잘 하는 사람입니다.

〈庚子〉
외형적으로는 고집스럽고 무뚝뚝한 기운이 엿보이지만 내면적으로는 자신의 기운을 발산하려는 심리가 강합니다. 이성적이고 진보적인 성향을 보입니다. 재치가 있고 언변이 수려하여 사교적이며 타인을 설득하는 능력을 가지고 있습니다.

庚寅（戊丙甲） 편재

배짱있는 庚金이 편재와 만나 스케일이 크고 대범하며 호탕하게 보입니다.

또한 甲木의 영향으로 창의성과 과시하려는 성향이 있으며 아이 같은 면도 지니고 있습니다.

〈庚寅〉
주관이 뚜렷하고 원칙주의자로서 배포가 있어 그릇이 크다고 하겠습니다. 자신의 의지대로 일을 밀고 나가려는 성향이 너무 강할 수도 있습니다. 일간의 근이 있고 운이 받쳐 준다면 리더로서 큰 일을 할 수도 있습니다.

庚辰 (乙癸戊) 편인

庚辰은 지장간 속 상관, 정재의 영향으로 자신의 재능을 발휘하려고 노력하며 욕심도 있습니다.

庚辰 (乙癸戊)
편인 정재 상관

→ 재능이 있는 편인

그러나 辰土는 金의 영역이 아니기 때문에 庚辰은 힘이 없습니다. 겉으로는 강한 척 하지만 내면적으로는 연구하는 스타일이며 열심히 살지요.

〈庚辰〉
통찰력이 발달되어 있어 자신의 판단력을 과신할 수도 있습니다. 강한 보수주의자로 나타납니다만 때때로 현실의 벽에 부딪히게 되며 내면적으로 소유욕이 있습니다. 이상과 현실과의 사이에서 갈등과 고민하는 모습을 보이게 됩니다.

庚午 (丙己丁) 정관

火 위에 있어서 庚金의 냉철한 부분이 좀 떨어집니다. 겉보기엔 강해보이나 火의 강한 열기와 따뜻하고 남을 배려하는 성질로 인해 결단력이 떨어지죠.

차가운 모습 이면에 따스함을 느낄 수 있으며 책임감과 자기 희생적인 면모도 있지!

<庚午>
주관이 뚜렷하고 이성적이며 합리적인 성품으로 전형적인 관료적 성향으로 나타납니다. 단지 소신을 밀어 붙이는 면이 부족하여 행동의 일관성이 떨어지기도 합니다.

庚申（戊壬庚）비 견

庚申은 굉장히 차갑고 강하고 냉철하며, 밀어 붙이는 힘도 강하고 고집이 셉니다. 또한 지장간 속 壬水 식신의 영향으로 집념도 강합니다.

바위를 압축 시키는 성질의 壬水와 가을의 金이라서 음(-)의 성향도 가지고 있다!

<庚申>
주체성이 아주 강해서 냉철하고 고집스럽다는 표현이 알맞습니다. 또한 한 방면으로 몰두해서 파고드는 성분이 있습니다. 구조가 온기가 부족하고 차가운 기운으로만 형성되어 화기가[火] 필요합니다. 관성의 적당한 제어가 있으면 배짱과 뚝심이 필요한 직업에서 능력을 발휘할 수 있습니다.

庚戌 (辛丁戊) 편인

庚戌은 金의 영역에 해당되므로 庚辰보다 편인의 성향이 강하게 나타납니다.
힘이 있으며 배짱이 있고 자기확신이 있죠.

辛金의 영향으로 단단히 굳히는 성질도 있지.

그렇지만 지장간을 살펴보면 겁재(辛)와 정관(丁)의 특징도 가지고 있어서 타협할 수 있으며 합리적입니다.
또한 관인상생의 영향으로 명분, 체면을 중시하는 선비정신을 가지고 있으며 고집도 셉니다.

庚 戌 (辛 丁 戊)
편인   겁재 정관

관성→인성 : 관인상생

<庚戌>

소신이 뚜렷한 원칙주의자로서 강한 통찰력을 갖추었으니 고집스럽게 보일 수도 있으며 경쟁심도 있어 보입니다.
가끔씩 잡념과 공상에 빠지거나 스스로 외로움에 젖어 무겁게 보일 수도 있습니다.

| 甲(표면심리): 정관 | **辛金** | 庚(내면심리): 겁재 |

> 辛金 일간의 기본적 특성은 야무지고 샤프한 폼생폼사 형입니다. 경쟁심이 강하고 은근히 자신을 알아주기 원하는 구조인데 강박관념이 있을 수 있습니다.

辛丑	辛卯	辛巳	辛未	辛酉	辛亥
癸辛己	甲乙	戊庚丙	丁乙己	庚辛	戊甲壬

*뿌리가 있는 辛酉 일주는 안정감이 있으며 매우 강합니다.

辛丑 (癸辛己) 편인

辛丑은 식신 성향을 가진 편인으로 생각이 한쪽으로만 깊이 박힌 집중적 사고 방식을 가지고 있으며 강박관념이 있습니다. 따라서 직업적으로는 한 곳만 깊이 파는 장인이나 전문직 등에 잘 어울립니다.

<辛丑>
아주 냉정한 심리구조입니다. 일단 의문을 품으면 끝까지 파헤쳐서 해답을 얻고야 마는 성격입니다. 그러나 차가움 속에 정을 느낄 수 있으며 정에 얽매이는 구조이기도 합니다.

辛卯 (甲 乙) 편재

卯木은 매우 강한 왕지입니다. 따라서 辛卯 편재는 외형상은 金극木 이지만 실제로는 마음만 급한 불안한 상태의 편재성향이 나타납니다. 또한 정재와 편재를 함께 가지고 있어 사업적 성향이 나타납니다.

〈辛卯〉
경쟁심이 강하며 공간개념이 발달되어 있습니다. 그리고 안정감이 다소 약한 심리구조로서 충동적인 사고와 행동을 보일 수 있습니다. 재물에 대한 과잉욕구로 투기성 사업을 할 수 있으나 운을 살펴야 합니다.

辛巳 (戊庚丙) 정관

火 위의 金으로 불안하게 보이지만 간지암합이기 때문에 직접적으로 火의 영향을 받지 않습니다.
*간지암합: 壬午, 戊子, 丁亥, 辛巳

지장간 속 정관의 영향으로 매우 합리적이며 火로 인해 차갑고 냉정한 면은 좀 떨어집니다.

<辛巳>
경쟁심리가 작용하고 있지만 합리적이고 순수한 면이 있어서 공무원이나 교사 혹은 기업체 등에서 자신의 업무를 수행하는 데 적합한 구조 입니다. 조급한 심리가 나타나고 있는 점을 살펴야 합니다.

辛未 (丁乙己) 편인

辛未 일주는 자기 확신이 강한 편인과 주어진 틀에 갇힌 편관이 만난 모습입니다. 따라서 보수적이며 주어진 범위 내에서만 판단하고 통찰력을 발휘하는 성향이 있지요.

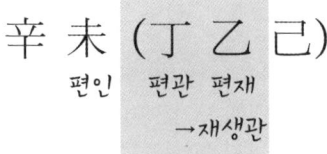

또한 지장간 속 재생관의 영향으로 관료적인 성향도 나타납니다.

<辛未>
편인의 성분으로 인해 겉으로는 보수적이며 예민한 통찰력으로 깐깐해 보이나 실제로는 즉흥적이고 빠른 판단과 결단을 해버리는 경향을 보입니다.

辛酉 (庚 辛) 비견

辛酉 비견은 겉보기엔 얌전해 보여도 고집이 세고 빈틈이 없으며 중도 포기하는 법 없이 끝까지 밀어붙이는 성향을 가지고 있습니다.

<辛酉>
겁재성향의 비견으로 인해 일등 고집으로 자신의 주관대로 일 처리를 합니다. 남의 조언을 무시하고 대책 없는 고집으로 인식 될 수도 있습니다. 자신의 중심이 아주 강한 냉정한 사람입니다. 강한 소신은 강박관념으로 나타나서 어떤 일이든 몸을 돌보지 않고 몰입할 수 있으므로 건강을 살펴야 합니다.

辛亥 (戊甲壬) 상관

辛亥 일주는 품생품사의 辛金이 드러내길 좋아하는 상관을 만난 모습입니다. 그래서 辛亥 일주는 멋쟁이들이 많아요.

지장간을 살펴보면 정재를 가진 상관인데, 여기서 壬水의 특징인 균형감각과 꾸준히 한 방향으로만 흐르는 일방통행적 사고 방식으로 인해 식신 같은 상관을 가졌다고 볼 수도 있지요.

또한 지장간 속 甲木 정재의 영향으로 섬세하고 창의성이 뛰어납니다.

> 정재를 가진 상관으로 현실적이며 연설형, 충고형의 타입이지!

<辛亥>
겁재가 상관을 봤으니 멋쟁이로 폼생폼사 라고 하겠습니다. 자신에 대해서 남들이 어떻게 생각하는지에 대해서 신경을 쓰게 됩니다. 남들에게 자신을 나타내기 위해서 외적인 면에 신경을 많이 쓰게 됩니다. 신약하면 자신의 능력을 과대평가 하기도 합니다. 재능이 있고 논리정연한 언변의 소유자로서 자신의 능력을 하나 하나 펼쳐가는 형입니다.

甲(표면심리): 편인　壬水　庚(내면심리): 식신

壬水 일간의 기본적 특성은 유연하고 대범하며 이성적이고 지혜롭지만 일방통행적 사고와 행동을 하는 성향도 있습니다.

壬	壬	壬	壬	壬	壬
子	寅	辰	午	申	戌
壬	戊	乙	丙	戊	辛
	丙	癸	己	壬	丁
癸	甲	戊	丁	庚	戊

<水의 일생>

*水의 주 활동영역이 申金에서 丑土까지 이므로 일지가 안정감을 주는 일주는 壬申, 壬戌, 壬子 이지만 壬戌은 정서적으로는 안정감으로 볼 수 있지만 건토이기 때문에 壬水로서는 부담일 수 밖에 없습니다.

壬子 (壬 癸) 겁재

壬子 겁재는 힘이 있고 마음 먹은 것은 포기하지 않고 꼭 해내며 고집이 세지만 癸水 겁재의 영향으로 한 발 물러설 수 있는 성향과 센스도 지니고 있습니다.

壬水의 고집은 부드러운 고집. 어디든 맞춰주는 듯 유연하게 보이지만 마음 먹은 것은 꼭 하고야 만다.

〈壬子〉
주체성이 강해서 고집으로 보이는데 성격에 유연성이 있어서 쉽게 고집을 알아차리기 어렵습니다. 그릇이 크고 포용력이 있지만 일방 통행적 사고와 행동이 강한 면을 가지고 있습니다.

壬寅 (戊丙甲) 식 신

壬寅 식신은 뽐내고 잘난 척 하기 좋아하는 甲木의 성향을 가진 식신이라 창의력이 뛰어나며 재치 있고 새로운 것을 만들어 내는 연구적, 탐구적 스타일입니다.

〈壬寅〉
소신과 식신의 탐구력을 바탕으로한 학자적인 심리구조라고 합니다. 실제로 판단력과 탐구력 그리고 결과를 도출하는 능력과 여유로움을 갖추고 있어 전반적인 분야에서 능력을 발휘할 수 있는 구조입니다.

壬辰 (乙癸戊) 편관

壬辰 편관은 강물이 흘러야 하는데 토사가 막고 있는 구조라 갑갑해 보입니다. 그러나 지장간을 살펴보면 상관견관으로 어려움을 헤쳐나가기 위해 끈임 없이 노력하는 사람으로 볼 수 있습니다.

壬辰 (乙癸戊)
상관견관→도전적 성향

〈壬辰〉
편관으로 인해 책임감과 원칙주의적 사고를 하는 편이지만 습한 辰土가 일간 壬水를 통제하는 것이 어딘가 어색한 구조이므로 복잡한 심리구조를 가졌다고 볼 수 있으며, 때로는 다소 이기주의로 흐를 수도 있습니다.

壬戌 (辛丁戊) 편관

결국 壬辰 보다 壬戌이 환경적으로 더 살만하니 자신의 틀에 딱 갇혀있게 되지요.

또한 壬戌은 지장간 속 재극인의 영향으로 예민하기도 하며 관인상생과 재생관의 특성도 함께 고려해야 합니다.

壬戌 (辛丁戊)
편관 정인 정재

→ 관인상생, 재극인, 재생관

<壬戌>
강한 편관의 작용으로 억압받는 심리구조로서 일간의 역량을 펼치는데 주저하고 망설이는 구조로 보입니다.

壬午 (丙己丁) 정 재

壬午는 암합이라 水剋火를 심하게 하진 않습니다.
즉, 정재가 극을 받지 않고 정재의 성향을 강하게 유지하고 있지요.

또 火기가 살아 있어서 壬水의 냉정함이 떨어지는 대신 인간미가 있습니다. (丁火)

<壬午>
유연하고 재치 있는 특성을 가지고 있습니다. 丁壬合 특히 정재 합으로서 水氣와 火氣의 조화를 이루므로 섬세하고 현실적인 감각으로 업무처리를 잘 하는 구조로 보입니다. 때로는 소유욕과 재물욕으로 나타나게 되어 스스로 갈등을 하는 면도 있습니다.

壬申 (戊壬庚) 편인

壬申은 매우 안정적인 구조로 편인이 강하게 발달했습니다.
즉, 통찰력이 대단히 강하지만 부정적 사고방식과 庚金의 영향으로 받아들이는데 오래 걸리며 고집도 세지요.
또한 차갑고 냉철하며 자기 확신이 강해 의심도 많습니다.

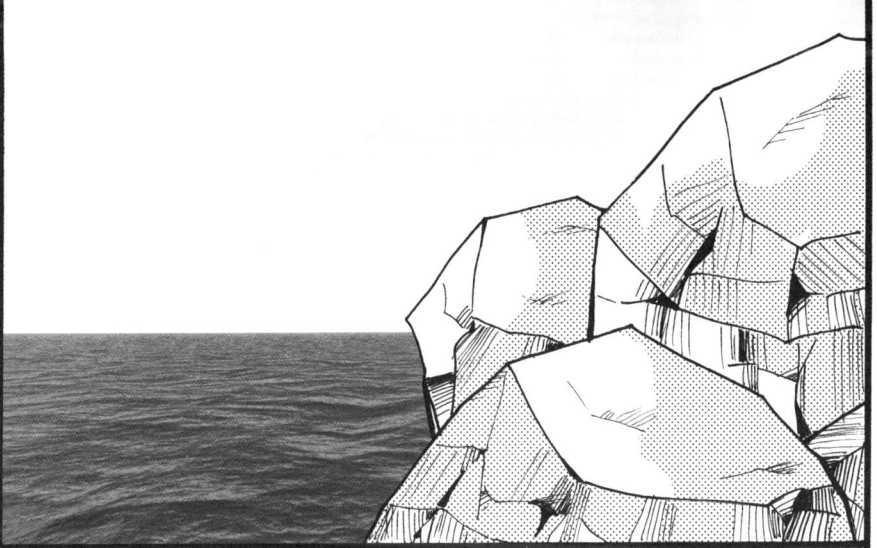

<壬申>
차갑고 냉정한 성향을 보이는 것은 강한 편인의 성분으로 너무 한 방향으로 치우친 구조를 이루고 있어서 부정적인 사고방식을 가질 수 있지만 뛰어난 통찰력과 이지적인 사고력을 가지고 있습니다.

| 甲(표면심리): 정인　**癸水**　庚(내면심리): 상관 |

> 癸水 일간의 기본적 특성은 명랑사교형으로
> 응집력이 있어 대인관계가 좋습니다만
> 속내를 잘 알 수 없기도 합니다.

癸丑	癸卯	癸巳	癸未	癸酉	癸亥
癸辛己	甲乙	戊庚丙	丁乙己	庚辛	戊甲壬

*水의 주 활동영역이 申金에서 丑土까지이므로 일지가 안정감을 주는 일주는 癸亥, 癸酉, 癸丑 입니다.

癸丑 (癸辛己) 편관

癸丑은 편관이지만 丑土가 차갑고 습한 土라 癸水에게 안정감 있는 뿌리가 됩니다.

지장간을 살펴보면 편인에 편관이라 고집스러운 면도 있지만 추진력 있고 책임감이 강합니다.

癸 丑 (癸 辛 己)
편관 비견 편인

<癸丑>
편관의 작용이 원활하지 못해서 일간의 뜻대로 밀고 나가는데 무리가 없어 보입니다. 조직생활이나 공무원 등에서 자신의 능력을 펼쳐 나갈 수 있습니다.

癸卯 (甲 乙) 식신

乙木의 성향을 가진 정재 같은 식신이라 집중력이 강하고 창의적이며 대인관계에도 능합니다.
외교쪽 일에도 잘 맞아 보여요.

<癸卯>
사교적이고 창의성과 재능이 많아 자신의 능력을 발휘할 수 있는 구조이나 자칫하면 너무 한 곳에 빠져서 외골수가 될 수도 있습니다.

癸巳 (戊庚丙) 정 재

丙火 정재이므로 조급하고 옳고 그름을 따지는 성향이 나타납니다.

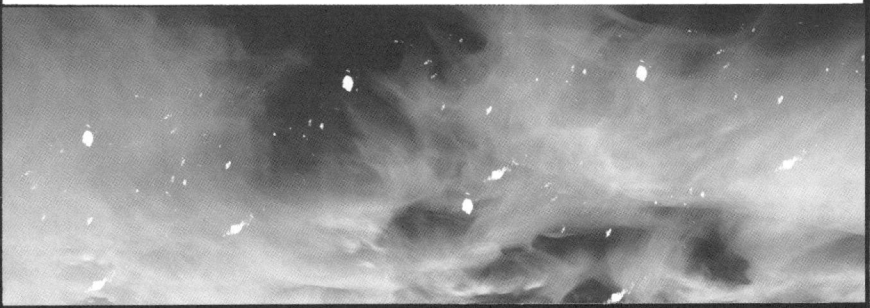

巳火 위의 癸水라 앉은자리가 불안해 보입니다.

<癸巳>
상관이 정재를 본 형태라서 재물에 대한 욕심을 가질 수 있으나 일간의 기운이 다소 약해 보입니다. 조급하고 안정감이 부족한 심리가 항상 따라 다닙니다.

癸未 (丁乙己) 편관

癸未는 뜨겁고 건조한 土 위의 癸水로 강한 편관의 성향이 나타납니다. 그래서 갑갑하고 뛰쳐나오고 싶은 심리입니다.

癸未 (丁乙己)
편재 식신
→ 식상생재

지장간을 살펴보면 식상생재로 능력을 발휘해 결과를 도출해내는 능력이 탁월하며 응용력이 뛰어납니다.

<癸未>
순간적 판단이 빠르고 재주는 많으나 강한 편관의 통제를 받아서 뜻을 펼치기가 쉽지 않아 보이는 구조입니다. 주어진 일에 최선을 다하는 구조입니다.

癸酉 (庚 辛) 편인

안정적인 일주로 부정적 수용 및 통찰력 등 편인의 성향이 강하게 나타납니다.

<癸酉>
일간이 가지고 있는 상관 성분이 강하게 표현 될 수 있으며 강한 편인의 작용으로 통찰력이 뛰어나 판단력이 돋보이는 구조입니다. 그러나 대범한 면이 부족하고 어느 한 쪽에 집착하는 성향을 보일 수 있습니다.

癸亥 (戊甲壬) 겁 재

癸亥는 壬水 겁재이므로 겉으론 타협적이나 속으론 자신이 하고 싶은 대로 하는 성향이 나타납니다.

또한 지장간 속 甲木 상관의 영향으로 아이디어가 뛰어나며 겉보기엔 사교적이고 다 맞춰주는 듯 보이지만 경쟁심이 강하고 결국 자신의 목표대로 일을 추진하는 타입입니다.

<癸亥>
총명하지만 고집이 세게 보입니다.
자신의 뜻대로 살려고 하는 심리구조가 있어서 일이 잘 안풀리면 방황하게 되며 자신의 속내를 잘 드러내지 않는 특성도 있습니다.

공부의 포인트!
<월지와 일지의 해석 방법>

일지와 월지는 궁합에서도 중요하지만 일간의 대외적 성향을 알 수도 있으며 일간의 힘을 알 수 있으므로 많은 생각을 해야 합니다.

앞서 만화명리학 <원리편>에서 배운 <궁성이론> 부분을 떠올려 보세요! 월지는 '사회궁', 일지는 '앉은 자리' 라 배웠었죠!

즉, 일지는 일간에게 직접 힘과 성향을 나타내는 자리라고 본다면, 월지는 전체의 십성들에게 환경적인 작용을 해서 일간이 그 결과를 받아들이는 관계로 보면 되겠습니다.

| 시간 | 일간 | 월간 | 년간 |
| 시지 | 일지 | 월지 | 년지 |

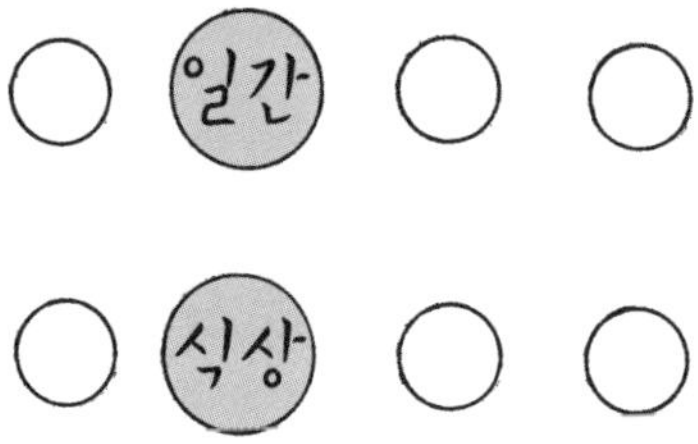

일지가 식상이면
스스로에게 적극적이며

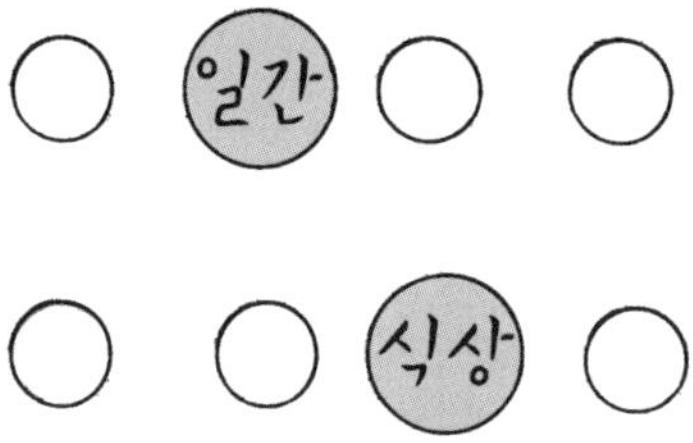

월지가 식상이면
대외적인 면에서
적극적입니다.

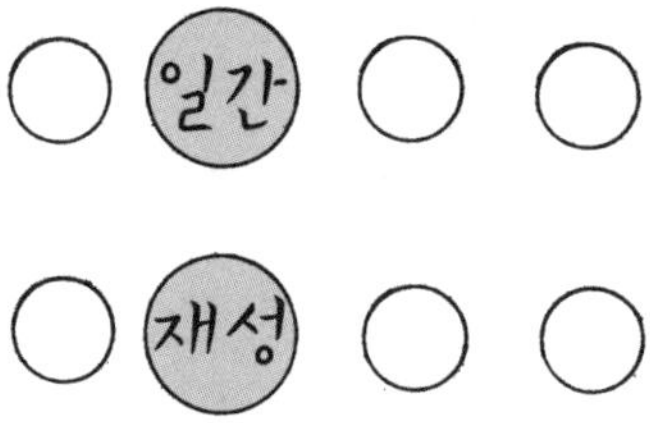

일지가 재성이면
스스로 하는 일에
자기주도적이며

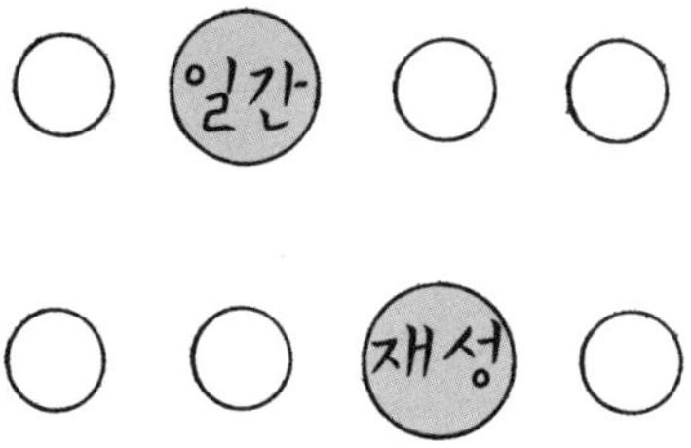

월지가 재성이면
대외적인 일에서
자기주도적 입니다.

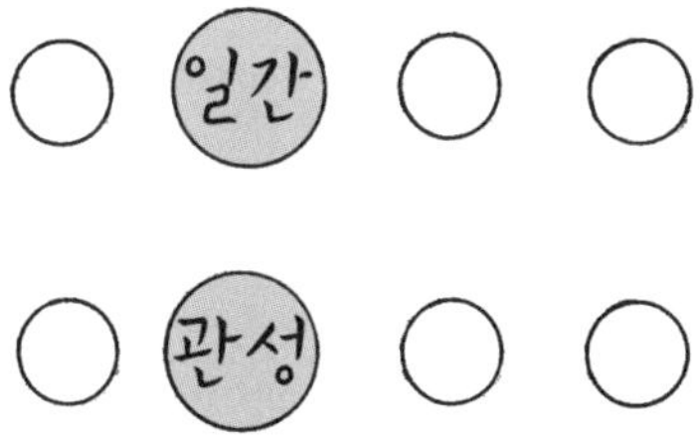

일주의 심리구조

일지가 관성이면
스스로를 다스리는
힘이 있으며

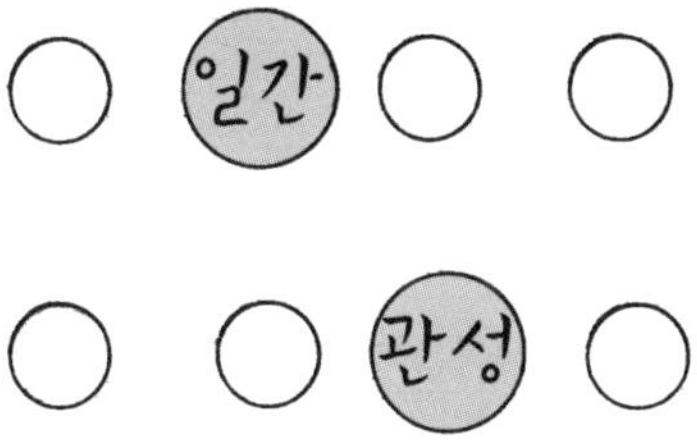

월지가 관성이면
대외적인 책임감이
강하게 나타납니다.

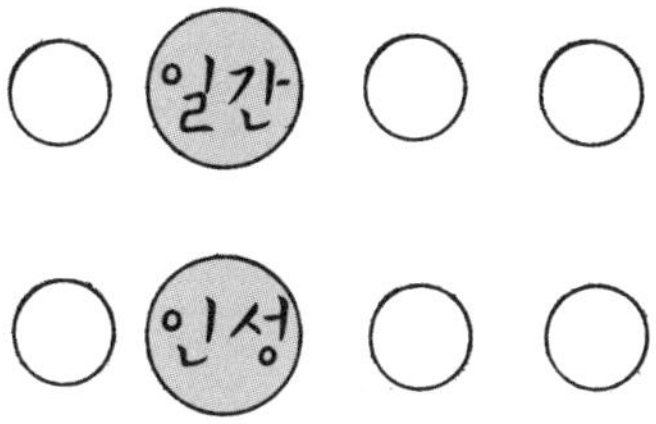

일지가 인성이면
내면적 자신감은 있지만
의존적이며

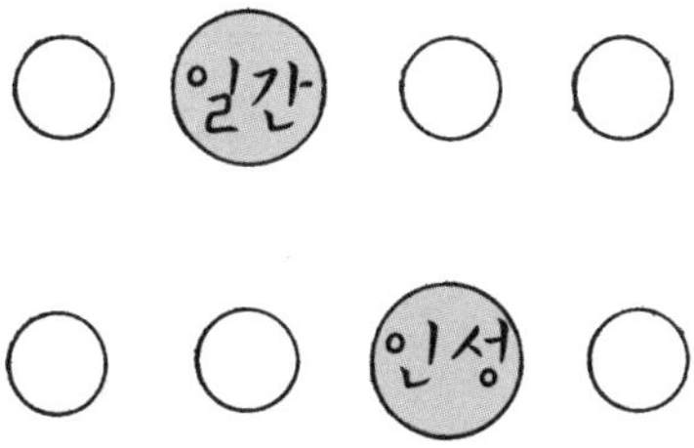

월지가 인성이면
환경에 적응하고 인내심은
있으나 대외적으로
소극적입니다.

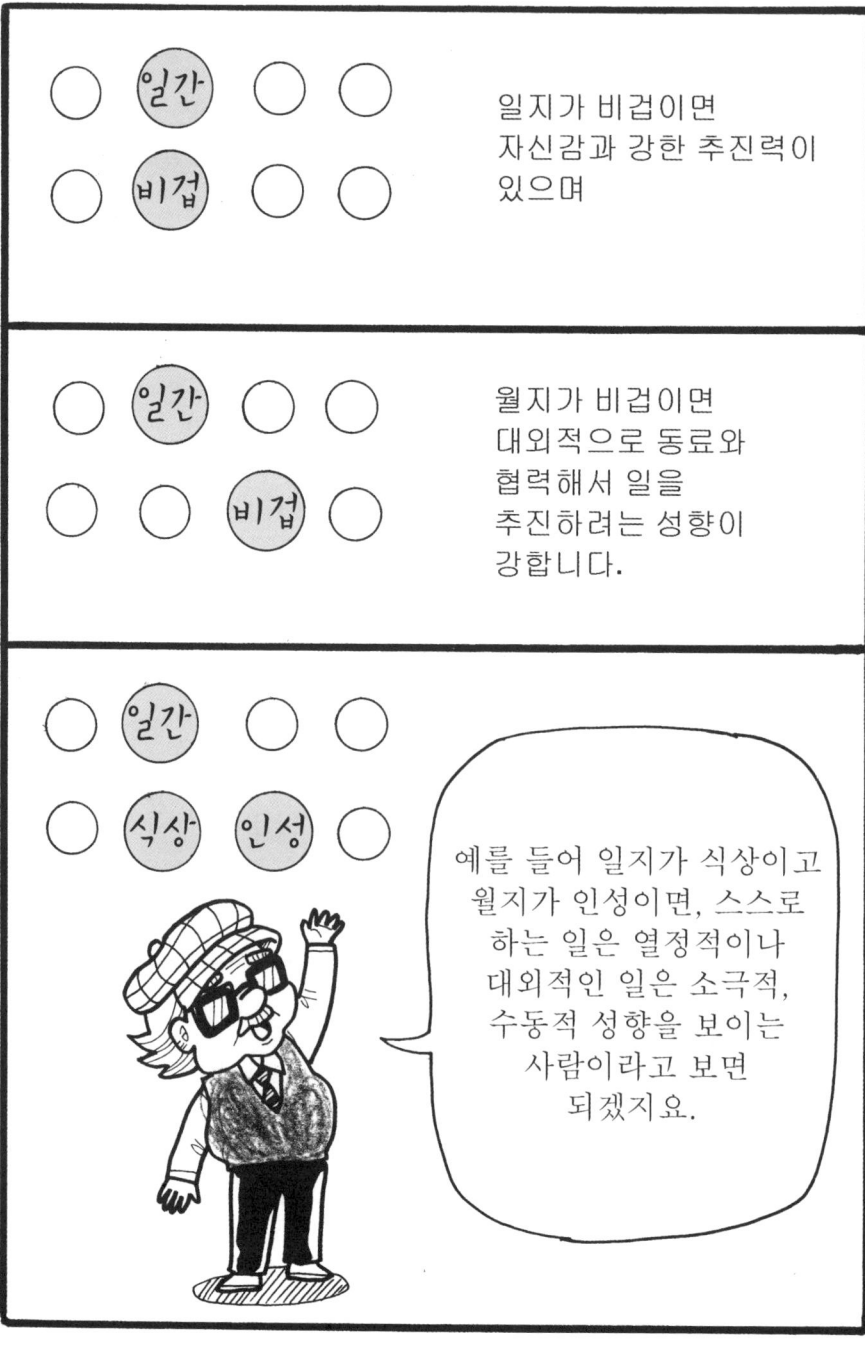

◈십성의 활용◈
〈일간을 중심으로 십성을 해석하는 방법〉

본 주제에서는 일간과 나머지 십성과의 관계를 연결해서 해석하는 방법을 설명합니다.

시간	일간	월간	년간	천간
시지	일지	월지	년지	지지

해석 방법은 천간 중심으로 설명하였는데 (예, 천간의 辛) 지지는 지장간의 본기로(酉金 중의 辛) 해석을 하면 되고, 천간의 특성과 지지의 특성을 참고로 이해하면 됩니다.

▶십성의 활용 - 식신

식신은 어떤 일이든지 꾸준하게 반복하고 싫증내지 않는 연구 탐구형 이지요.

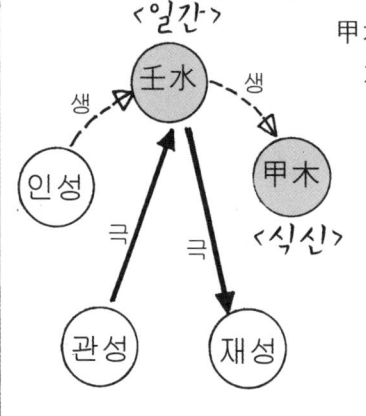

甲木이 식신이면 일간이 壬水인데 차분한 壬水에 甲木의 식신이면 창의성과 역동성도 느끼고 밝은 모습을 보이게 됩니다. 집요한 식신이라기보다 매사에 자신감과 호탕함도 보이며 새로운 일에 호기심을 가지고 연구하는 형이겠지요. 순수함도 있고요.

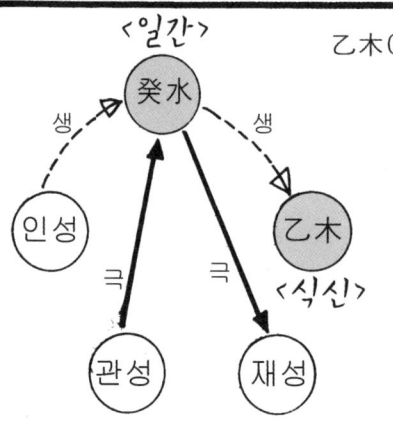

乙木이 식신이면 일간은 癸水인데 癸水의 명랑 사교적이지만 얌전하고 소극적인 모습에 乙木의 현실감이 식신에 접목이 되어 주어진 일이나 관심분야에 남모르는 노력을 하여 목표를 달성하고야 마는 집중력을 보이겠지요.

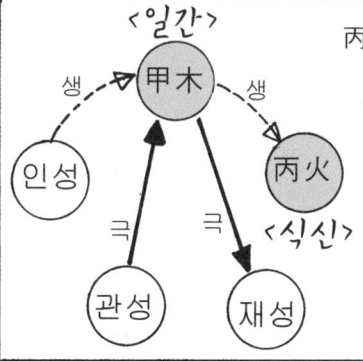

丙火가 식신이면 일간은 甲木인데 甲木의 자신감과 창의성이 丙火의 순간 집중력에 접목되면 단기간에 아이디어를 내거나 학습효과를 올릴 수 있습니다.

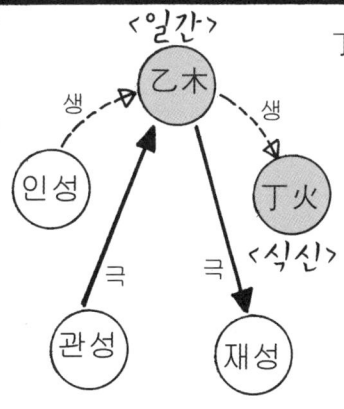

丁火가 식신이면 일간은 乙木인데 乙木의 실속형과 현실감에 丁火의 재치와 열정이 접목되면 자신이 해야 할 목표를 향해 열정을 쏟아 붓는 식신이 됩니다.

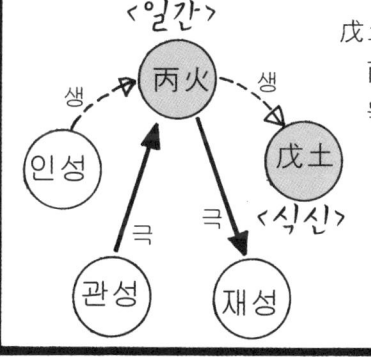

戊土가 식신이면 일간은 丙火인데 丙火의 열정이 戊土의 변함없는 묵묵함과 접목되어 뒷심 부족한 丙火이지만 한 곳에서 주어진 일에 푹 빠져 들 수 있습니다.

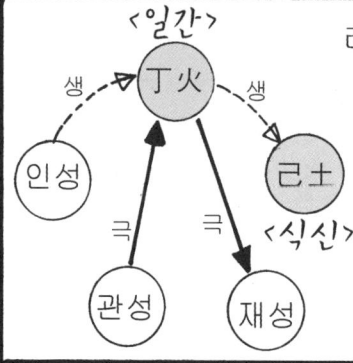

己土가 식신이면 일간은 丁火로서 丁火의 따뜻하고 밝은 성격에 己土의 측은지심과 현실감이 접목되면 자신과 타인을 함께 이롭게 하는 모습으로 어떤 일이든 싫증내지 않는 식신이 되겠습니다.

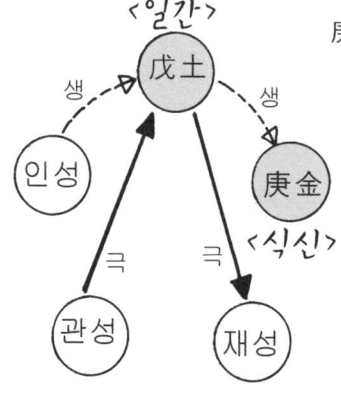

庚金이 식신이면 일간은 戊土로서 戊土의 우직하고 듬직한 모습이 庚金의 강하고 초지일관의 기세가 접목하여 어떠한 어려움이 있어도 포기하지 않고 언젠가는 이루고 마는 식신의 모습이 됩니다.

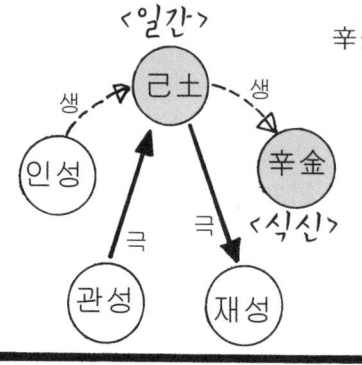

辛金이 식신이면 일간은 己土로서 己土의 성실함과 辛金의 강인함과 경쟁심이 결합하여 어떤 일에 집요한 집중력을 발휘하여 경쟁에서 이기고 마는 식신의 모습을 보입니다.

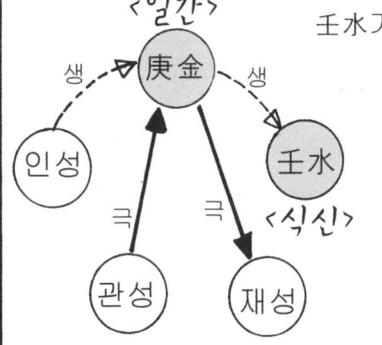

壬水가 식신이면 일간은 庚金으로서 庚金의 강한 자신감에 壬水의 대범함과 일방통행적 기운이 접목하여 주변 환경이 어떤 경우가 되어도 자신이 가야할 길을 차분하게 밀고 나가는 식신의 모습으로 나타납니다.

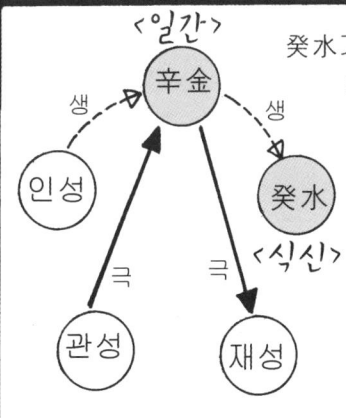

癸水가 식신이면 일간은 辛金이 되는데 辛金의 단호하고 은근한 자신감이 癸水의 사교적이지만 어디든 파고드는 기질이 접목하여 소극적이고 야심이 없어 보이지만 내면에는 자신의 목표를 향해 무서운 집념을 보이는 식신으로 보입니다.

▶십성의 활용 - 상관

상관은 자신의 재능이나 감정을 밖으로 적극적으로 표현하는 성분입니다. 그러므로 머리회전이 빠르고 언변이 논리적이지만 성급하고 도전적 특성으로 인해 주변과 마찰이 생길 수도 있습니다.

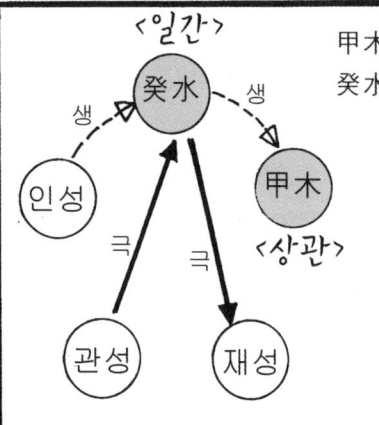

甲木이 상관이면 일간이 癸水인데 癸水의 사교성과 친화력이 甲木의 창의성과 결합하여 총명하고 적극적이지만 자신의 재능을 과시하는 경향이 있으며 주변과 사소한 충돌이 생길 수 있습니다.

乙木이 상관이면 일간은 壬水인데 壬水의 이성적이고 일방통행적 특성에 乙木의 적응력과 실속적인 면이 결합하여 주변과 다툼보다 자신의 목표를 향해 현실적 이익이 되는 방향으로 승부수를 생각하므로 식신의 특성을 보일 수도 있습니다.

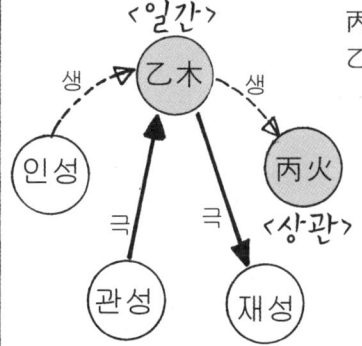

丙火가 상관이면 일간은 乙木인데 乙木의 생동감과 적응력에 丙火의 열정과 사리분별력이 결합하여 주변과 친화적인 환경을 만들기 위해 신중하고 자신의 표정을 밝게 하고 자신의 생각을 적극적으로 표현하지만 옳고 그름을 따지는 성향으로 사소한 충돌이 발생할 수 있습니다.

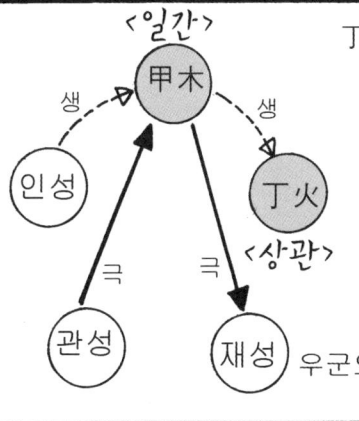

丁火가 상관이면 일간은 甲木인데 甲木의 적극적이고 자신감 있는 행동양식에 결합하는 丁火의 소극적인 자기표현방식이 타인을 위한 배려로 나타나지만 甲木을 꺾으려는 주변의 도전에 대하여는 강력하게 저항을 하므로 주변사람이 적과 우군으로 양분되는 경우가 있습니다.

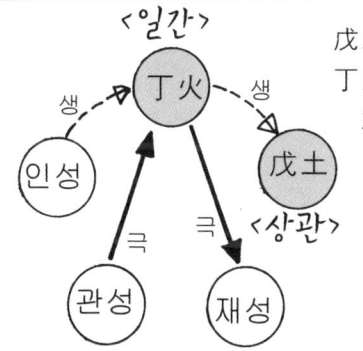

戊土가 상관이면 일간은 丁火인데 丁火의 배려심이 戊土의 무던하고 희생적인 특성과 결합하여 남을 배려하고 자신의 희생과 중립적인 성향은 주변을 위한 유머와 재치로 나타납니다.

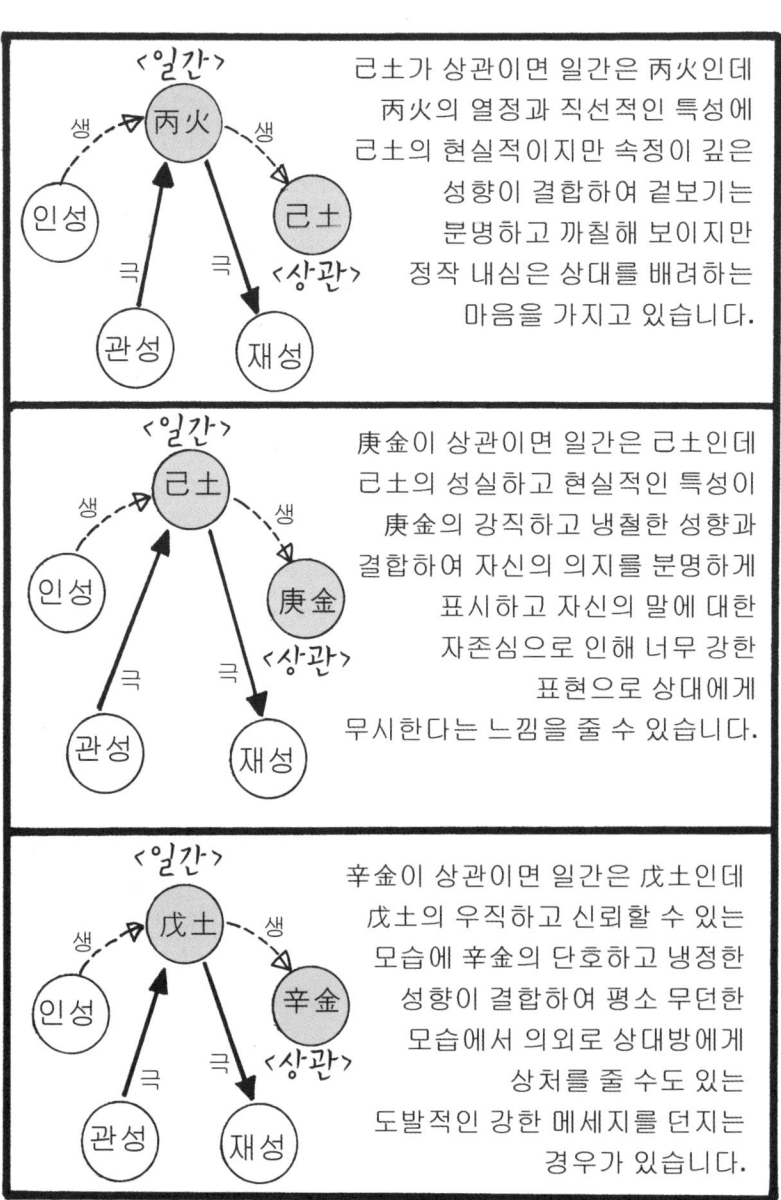

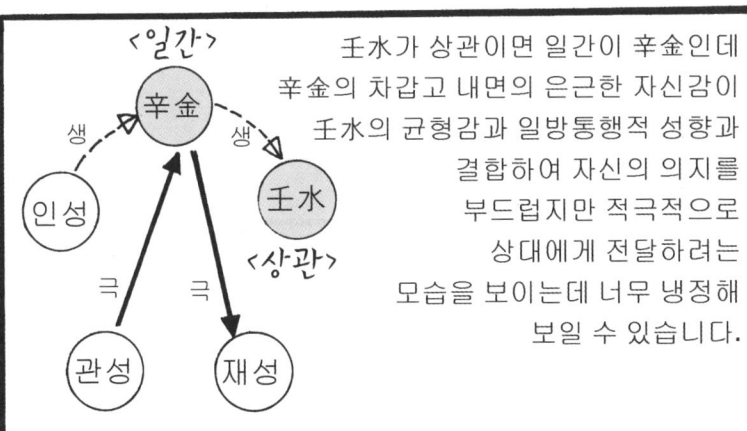

壬水가 상관이면 일간이 辛金인데 辛金의 차갑고 내면의 은근한 자신감이 壬水의 균형감과 일방통행적 성향과 결합하여 자신의 의지를 부드럽지만 적극적으로 상대에게 전달하려는 모습을 보이는데 너무 냉정해 보일 수 있습니다.

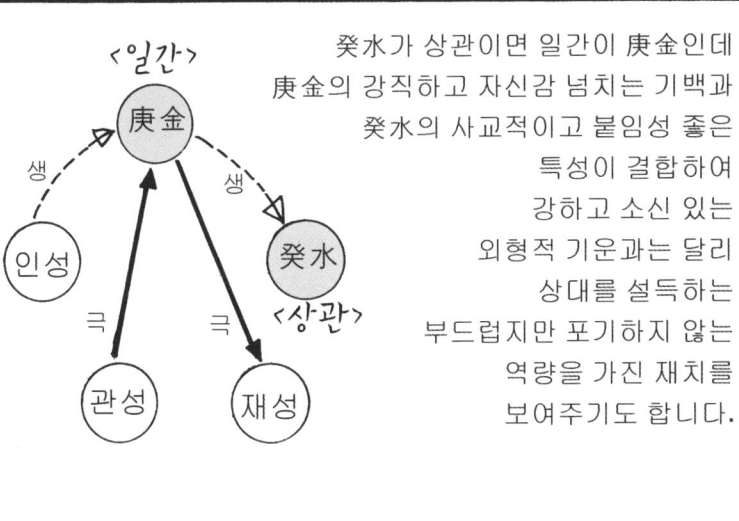

癸水가 상관이면 일간이 庚金인데 庚金의 강직하고 자신감 넘치는 기백과 癸水의 사교적이고 붙임성 좋은 특성이 결합하여 강하고 소신 있는 외형적 기운과는 달리 상대를 설득하는 부드럽지만 포기하지 않는 역량을 가진 재치를 보여주기도 합니다.

▶십성의 활용 - 편재

편재는 숲을 보는 시각 즉, 공간과 전체를 보는 특성 그리고 즉흥성과 목표지향적이고 자기 주도적 성격을 나타냅니다.

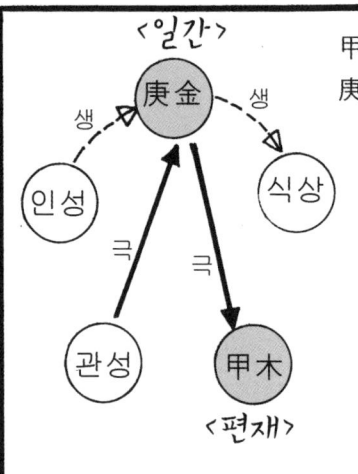

甲木이 편재이면 일간은 庚金인데 庚金의 강직하고 소신있는 모습이 甲木 편재의 최고기질과 상향지기가 더해져서 자신감에 의한 자기 주도적 성향과 스케일이 큰 면을 드러냅니다.

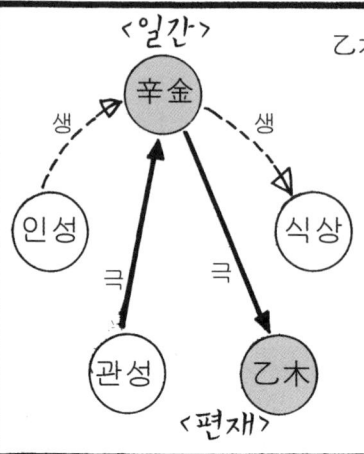

乙木이 편재이면 일간은 辛金인데 辛金의 내성적이지만 은근한 자신감이 乙木 편재를 만나면 편재이지만 공간을 내실 있게 바라보는 시각과 자신이 유리한 방향으로 이끌어 가려는 성향을 보이게 됩니다.

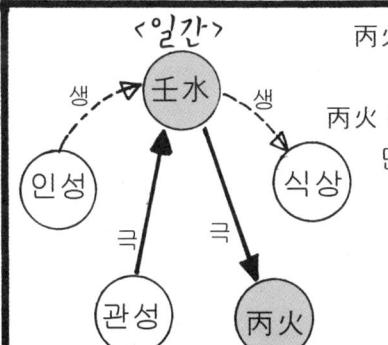

丙火가 편재이면 일간은 壬水인데 壬水의 이성적 균형감각이 丙火 편재의 양면적 공간지각개념과 만나서 신속한 판단력은 있지만 丙火의 열정 탓에 壬水의 차분함이 떨어지기도 합니다.

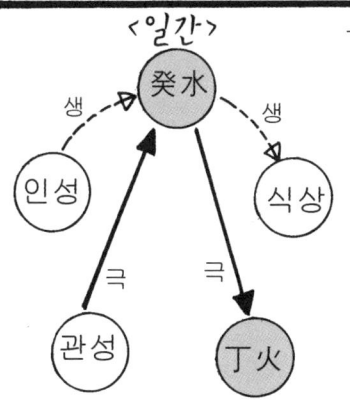

丁火가 편재이면 일간은 癸水인데 癸水의 친화력과 응집력이 丁火 편재의 열기에 의해 덜렁대거나 상대를 압도하는 재치와 유머로 나타날 수 있습니다.

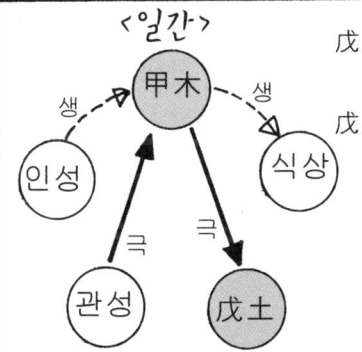

戊土가 편재이면 일간은 甲木인데 甲木의 미래지향적 1등 기질이 戊土 편재의 공간개념을 만나므로 리더십과 원대한 목표 지향적 편재로 나타날 수 있습니다.

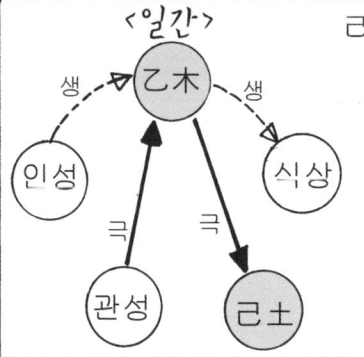

己土가 편재이면 일간은 乙木인데 乙木의 실속형과 적응력이 己土 편재의 현실감과 결합하여 현재의 상황을 파악하는 공간감각과 일정부분을 파악하는 성향으로 나타납니다.

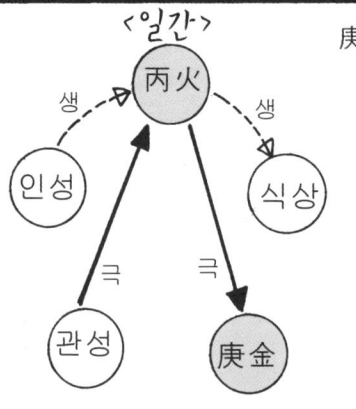

庚金이 편재이면 일간이 丙火인데 丙火의 열정과 의협심 그리고 사리분별력이 庚金 편재의 강직함과 결합하면 일단 한 번 결정한 부분은 강하게 밀어 붙이는 성향으로 나타납니다.

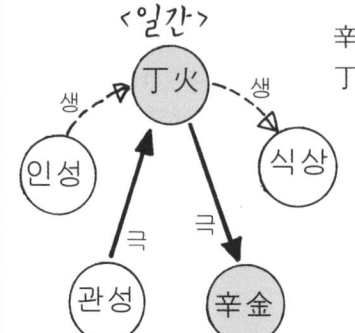

辛金이 편재이면 일간이 丁火인데 丁火의 합리적이고 열정과 배려의 특성이 辛金 편재를 만나면 경쟁상대를 압도하거나 자신의 의지를 굽히지 않으려는 성향으로 나타납니다.

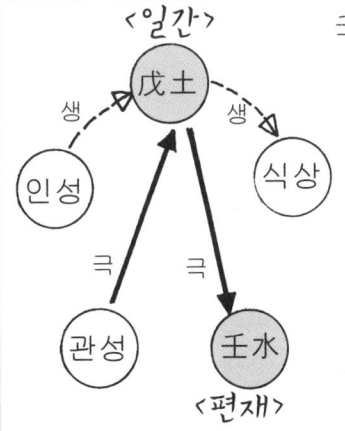

壬水가 편재이면 일간은 戊土인데 戊土의 신뢰성과 우직함이 壬水 편재의 균형적 감각과 일방통행적 성향으로 자신의 의지를 꾸준하고 천천히 펼쳐나가는 성향으로 나타납니다.

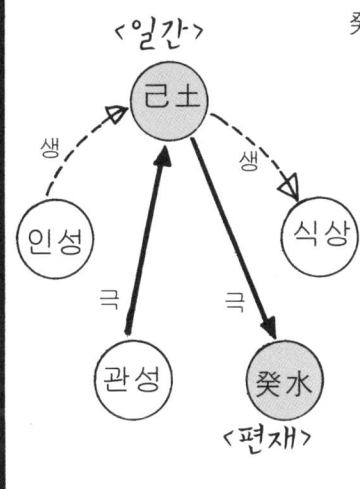

癸水가 편재이면 일간은 己土인데 己土의 성실함과 현실감각이 癸水 편재의 소극적이지만 자신의 의지를 부드럽게 관철시키는 특성으로 나타납니다.

▶십성의 활용 - 정재

정재는 현실성과 정밀성 그리고 소유욕으로 이해하면 됩니다.

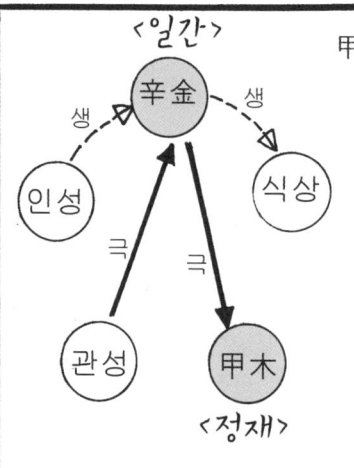

甲木이 정재이면 일간은 辛金인데 辛金의 경쟁심과 내면적인 자부심이 甲木 정재의 창의성과 편재 기운이 결합하면 재화의 활용능력과 아이디어가 있지만 재화의 무조건적 소유욕이 나타납니다.

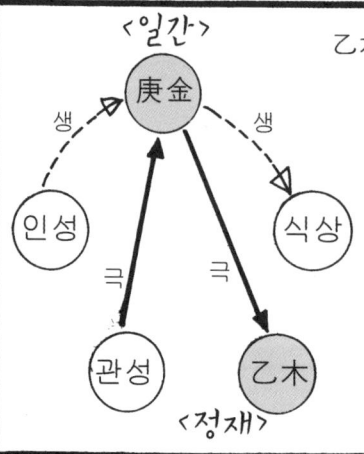

乙木이 정재이면 일간이 庚金인데 庚金의 자신감과 냉철함이 乙木 정재의 현실감과 실속적인 면이 결합하면 과감한 추진력을 가진 庚金이 乙木의 영향으로 이상과 현실사이에 갈등하는 구조가 됩니다.

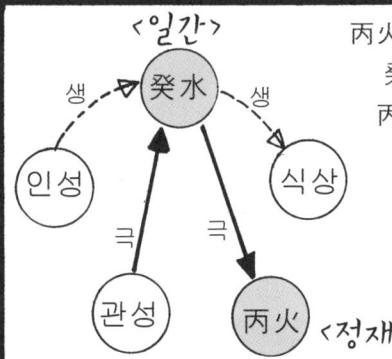

丙火가 정재이면 일간이 癸水인데 癸水의 응집력과 환경적응력에 丙火 정재의 직선적이고 빠르고 급한 성분이 결합하여 일처리를 정확하고 분명하게 하며 한 포인트에 정밀하게 집중하는 능력이 탁월합니다.

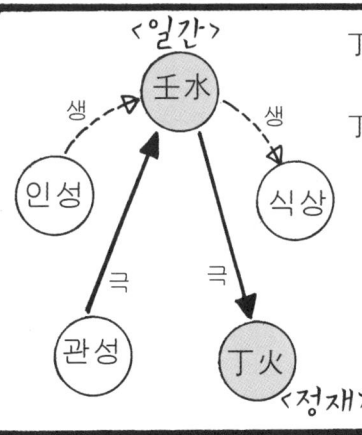

丁火가 정재이면 일간이 壬水인데 壬水의 이성적이고 균형감이 丁火 정재의 상관성분과 결합하여 타인을 배려하는 정은 있지만 소유욕이 강합니다.

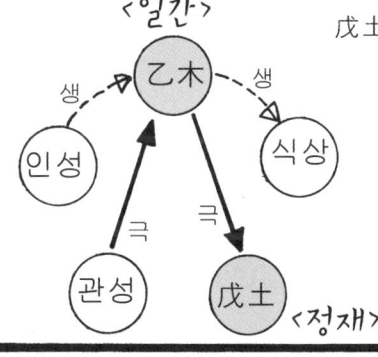

戊土가 정재이면 일간은 乙木인데 乙木의 순박하지만 실속과 적응력에 戊土의 신뢰와 우직함이 결합하여 현실에 충실하고 공평무사한 일처리를 합니다.

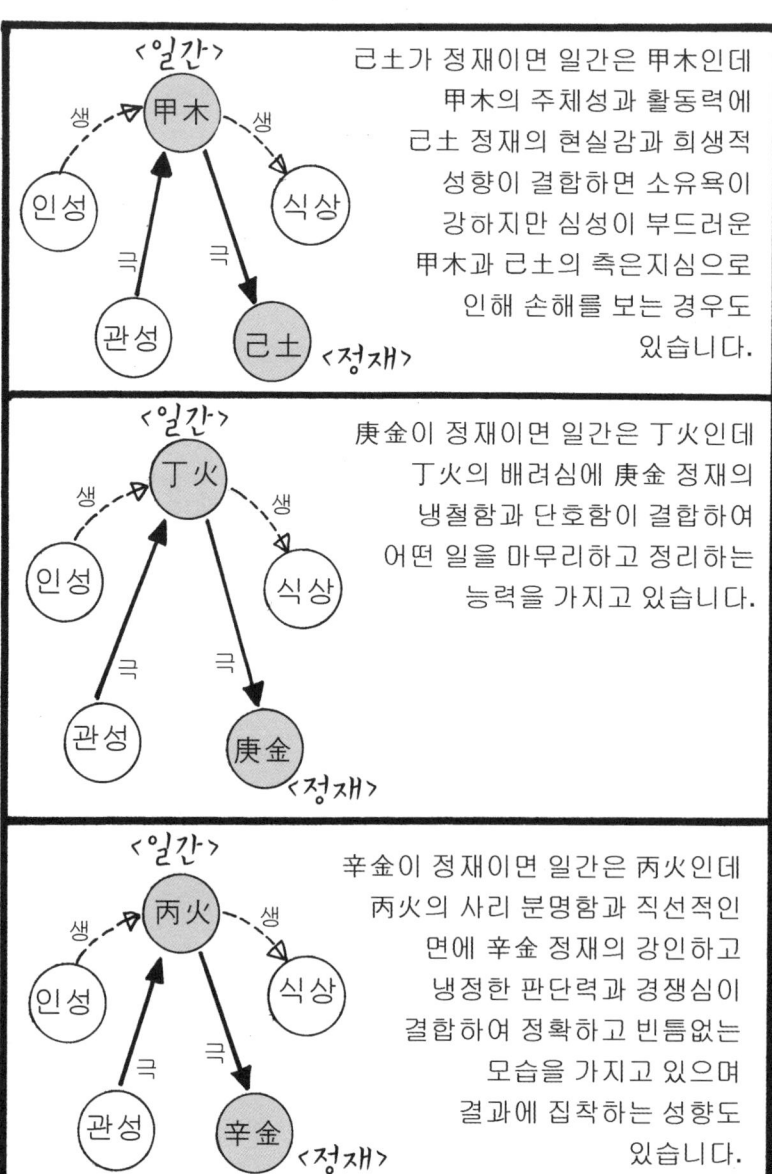

己土가 정재이면 일간은 甲木인데 甲木의 주체성과 활동력에 己土 정재의 현실감과 희생적 성향이 결합하면 소유욕이 강하지만 심성이 부드러운 甲木과 己土의 측은지심으로 인해 손해를 보는 경우도 있습니다.

庚金이 정재이면 일간은 丁火인데 丁火의 배려심에 庚金 정재의 냉철함과 단호함이 결합하여 어떤 일을 마무리하고 정리하는 능력을 가지고 있습니다.

辛金이 정재이면 일간은 丙火인데 丙火의 사리 분명함과 직선적인 면에 辛金 정재의 강인하고 냉정한 판단력과 경쟁심이 결합하여 정확하고 빈틈없는 모습을 가지고 있으며 결과에 집착하는 성향도 있습니다.

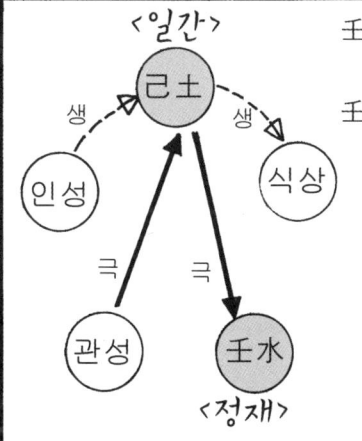

壬水가 정재이면 일간은 己土인데 己土의 현실감과 성실함에 壬水 정재의 균형감과 목표지향의 집중력이 결합하여 현실감과 이성적인 감각을 갖추고 세밀한 부분을 살피는 능력을 가지고 있습니다.

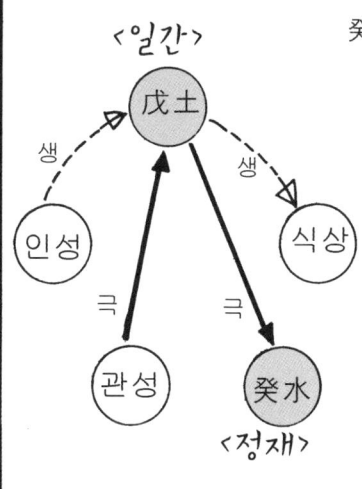

癸水가 정재이면 일간은 戊土인데 戊土의 신뢰성과 공평무사함이 癸水 정재의 응집력과 결합하면 말없이 묵묵하게 주어진 일을 빈틈없이 완수하는 성향이지만 너무 사소한 것에 매달리는 경우도 있습니다.

▶십성의 활용 - 편관

편관은 원칙주의적 통제기능 입니다. 강한 억압심리와 그로인해 주변에 자신을 노출시키지 않으려는 특성으로 스스로를 울타리 안에 묶어두려는 성향으로 나타나게 되어 일간을 고집스럽게 보이게 하지만 어려운 환경을 버텨내는 인내심의 십성입니다.

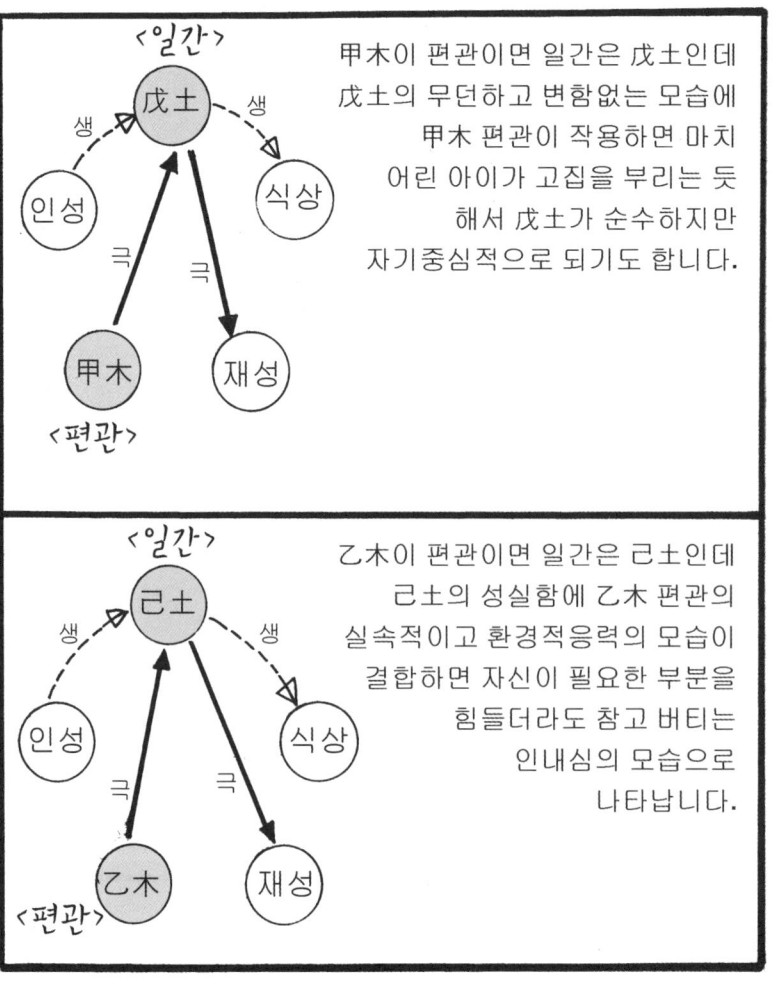

甲木이 편관이면 일간은 戊土인데 戊土의 무던하고 변함없는 모습에 甲木 편관이 작용하면 마치 어린 아이가 고집을 부리는 듯 해서 戊土가 순수하지만 자기중심적으로 되기도 합니다.

乙木이 편관이면 일간은 己土인데 己土의 성실함에 乙木 편관의 실속적이고 환경적응력의 모습이 결합하면 자신이 필요한 부분을 힘들더라도 참고 버티는 인내심의 모습으로 나타납니다.

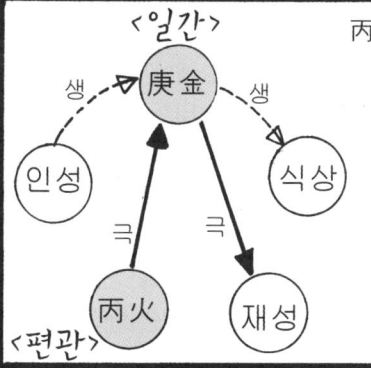

丙火가 편관이면 일간이 庚金인데 庚金의 소신과 강직함이 丙火 편관의 직선적이고 사리분명한 성분과 결합하여 자신이 옳다고 믿는 부분에 대해서 결코 굽히지 않으려는 성향으로 나타납니다.

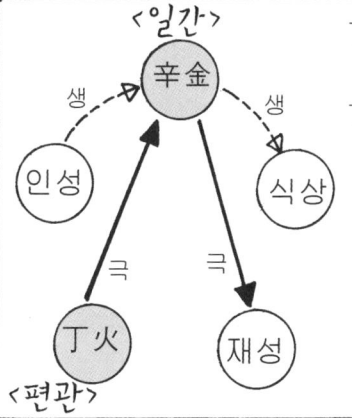

丁火가 편관이면 일간은 辛金인데 辛金의 냉정하고 단호함이 丁火 편관의 따뜻하고 배려하지만 강한 저항력과 결합하여 자신을 통제하려는 주변의 자극에 대하여 굽히지 않고 강한 반발을 하는 모습으로 나타납니다.

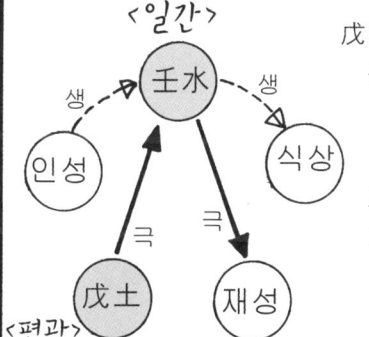

戊土가 편관이면 일간이 壬水인데 壬水의 유연하고 균형감 있지만 자기의 소신을 잃지 않으려는 성향에 戊土 편관의 우직한 모습이 결합하여 목표를 향하여 나아감에 초심을 잃지 않으려는 고집으로 나타납니다.

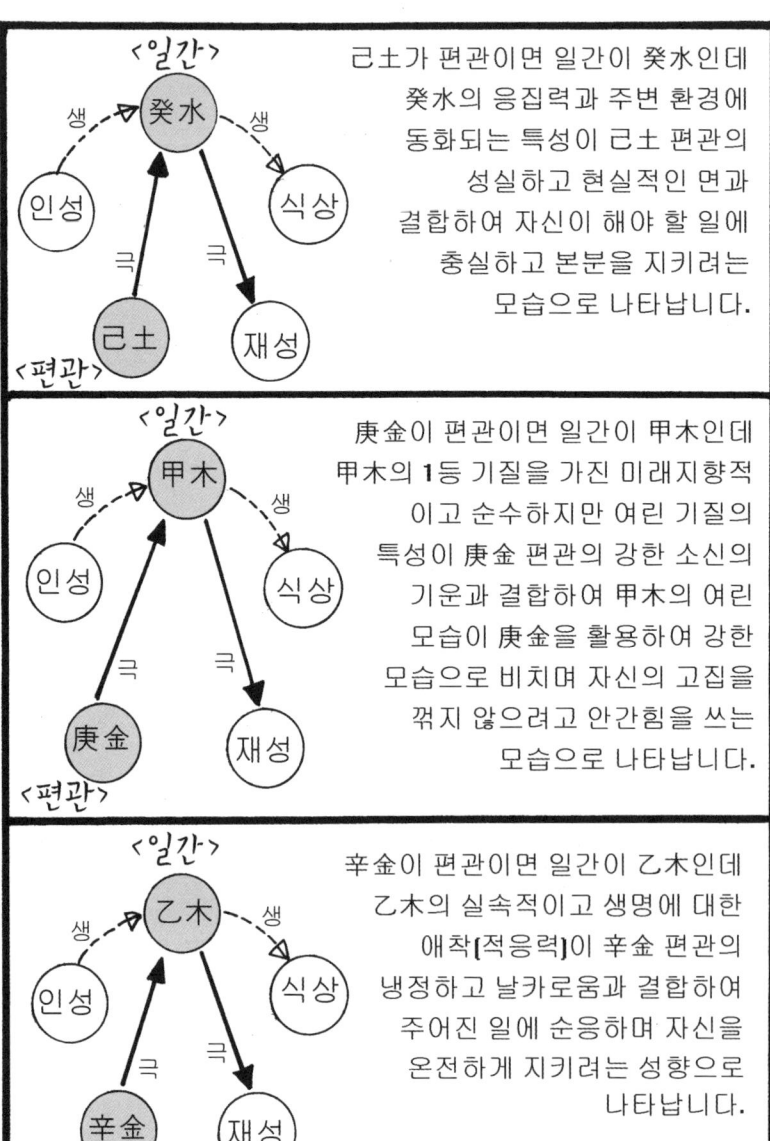

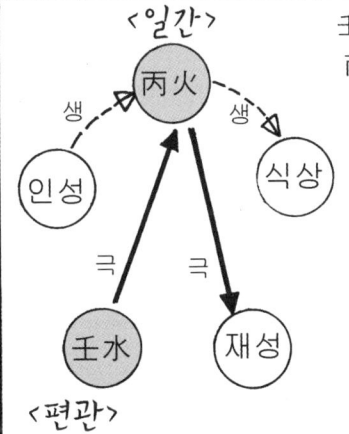

壬水가 편관이면 일간이 丙火인데 丙火의 직선적이고 사리분별력이 壬水 편관의 균형감과 일방통행적인 특성과 결합하여 자신이 옳다고 믿는 부분에 대하여 결코 타협하지 않고 지켜나가려는 완고한 고집으로 나타납니다.

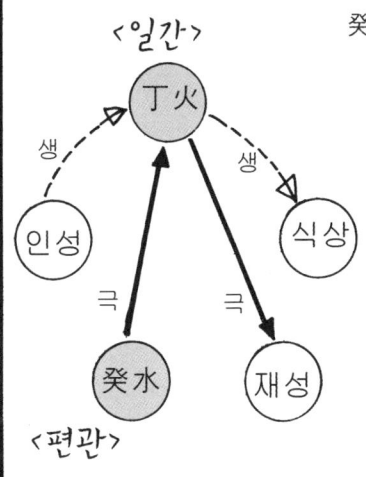

癸水가 편관이면 일간은 丁火인데 丁火의 배려심과 폭발력이 癸水 편관의 강한 응집력과 결합하여 남을 위해 배려하는 丁火가 스스로를 절제하고 인내하는 심리로 강하게 나타납니다.

▶십성의 활용 - 정관

정관은 합리적 통제기능으로 명예와 관련된 일들을 의미합니다. 명식에 정관이 있으면 스스로의 감정을 잘 조절하며 매사를 공평무사하게 처리하고 어려운 일을 만나도 슬기롭게 대처하는 특성이 되기도 합니다.

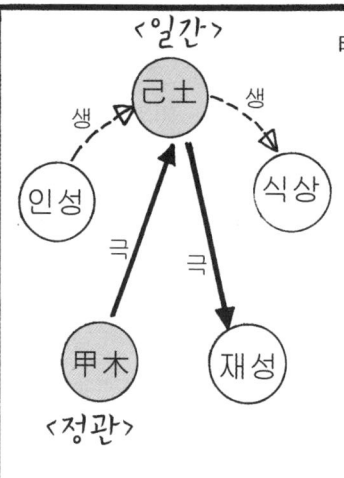

甲木이 정관이면 일간은 己土인데 己土의 현실적이고 성실함에 甲木의 창의성과 편재성향이 결합하여 사업적인 아이디어와 일간과 합이 되어 신중한 모습을 보이게 됩니다.

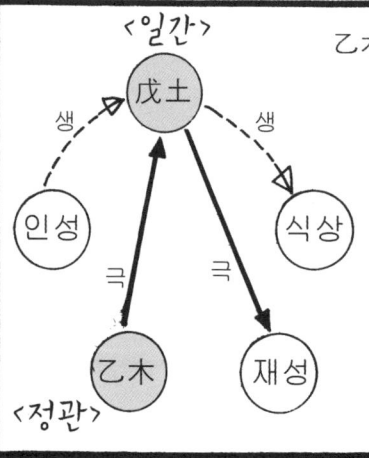

乙木이 정관이면 일간은 戊土인데 戊土의 무던하고 신뢰성 있는 특성이 乙木의 실속적이고 적응력 있는 기운과 결합하여 자신에게 주어진 여건에 잘 즉응하고 처신을 잘 하는 사람으로 평가 받을 수 있습니다.

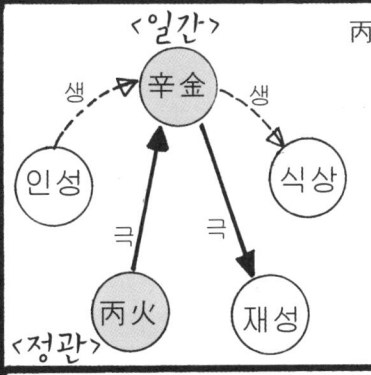

丙火가 정관이면 일간은 辛金인데 辛金의 야무지고 단호함에 丙火의 옳고 그름이 분명함이 결합하여 책임감과 소신을 굽히지 않는 사람이지만 金氣의 날카로움 속에 나름의 인간적인 정을 느낄 수 있습니다.

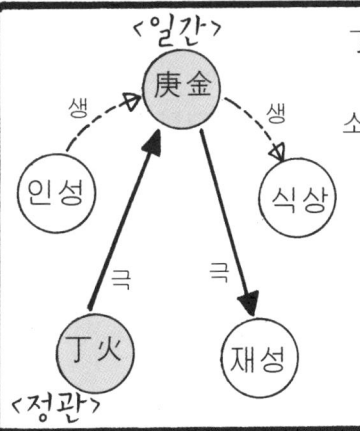

丁火가 정관이면 일간은 庚金인데 庚金의 강직하고 냉철하고 소신 있는 모습에 丁火의 따뜻하고 합리적 성품이 결합하여 강하고 고집스런 庚金이 의외로 합리적인 판단력과 속정이 깊은 모습을 보입니다.

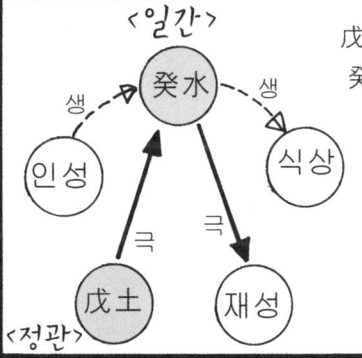

戊土가 정관이면 일간은 癸水인데 癸水의 사교적이고 환경적응력이 뛰어난 특성이 戊土의 합리적이고 중립적인 모습과 결합하여 대인관계가 원만하고 한 쪽에 치우치지 않는 처신을 하게 됩니다.

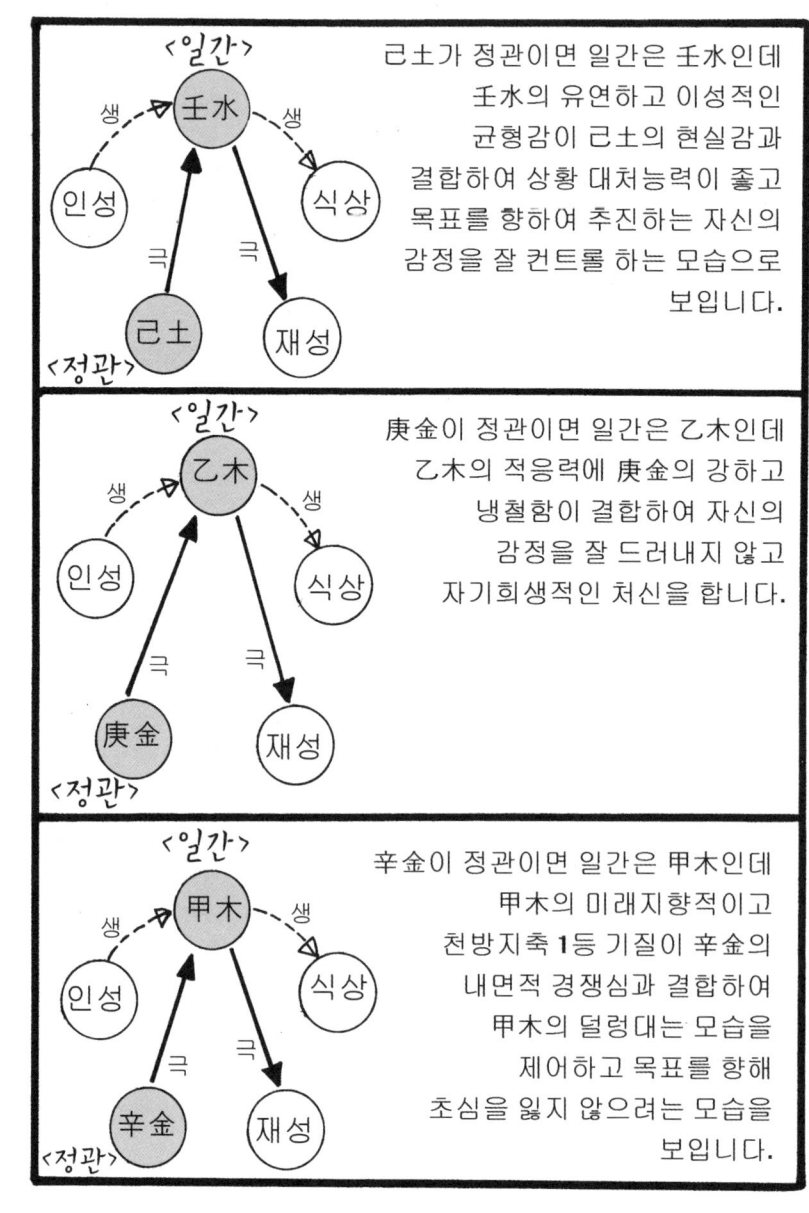

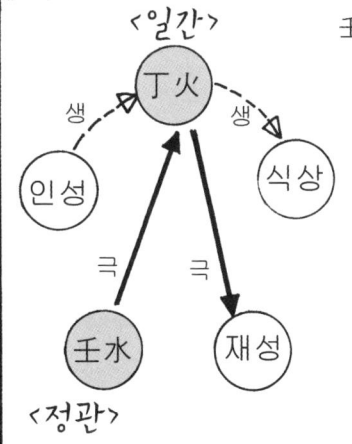

壬水가 정관이면 일간이 丁火인데 丁火의 따뜻한 배려심이 壬水의 이성적이고 균형감의 특성과 결합하여 평정심을 잃지 않고 일관된 자기 처신으로 주변의 인정을 받을 수 있는 특성을 보입니다.

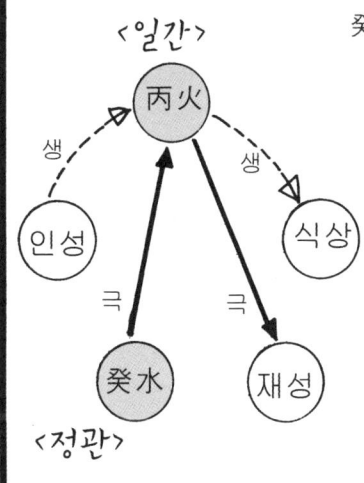

癸水가 정관이면 일간이 丙火인데 丙火의 열정과 성급한 판단력이 때로는 오판을 할 수 있는데 癸水의 지혜로운 이해력으로 인하여 정확한 판단력을 가질 수 있습니다.

▶십성의 활용 - 편인

편인의 특성은 이면과 속성을 우선 생각하는 구조이기 때문에 일단 의문과 부정적 수용으로 자신의 관심분야 이외의 일반적인 것은 이해력이 늦습니다. 그러나 관심분야의 사안은 뛰어난 통찰력을 보입니다.

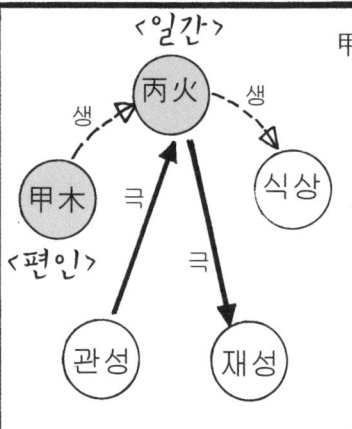

甲木이 편인이면 일간은 丙火인데 丙火의 직선적인 사리분별력에 의한 열정은 甲木 편인의 창의성에 의한 뛰어난 통찰력으로 자기 확신이 더욱 강한 성향으로 나타납니다.

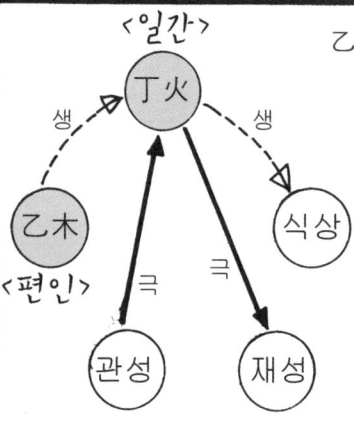

乙木이 편인이면 일간은 丁火인데 丁火의 배려심과 사교성이 乙木 편인의 적응력과 정밀성에 결합하여 상황을 정확하게 인지하는 능력이 탁월합니다.

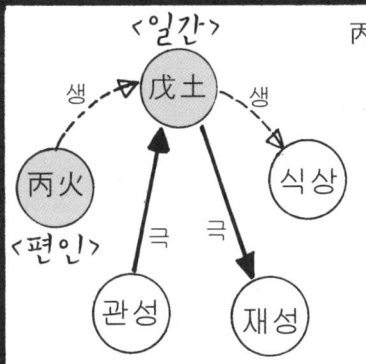

丙火가 편인이면 일간은 戊土인데 戊土의 포용력과 신뢰성이 丙火 편인의 정확한 사리판단력과 결합하여 자신이 확신을 갖는 부분에 대한 소신을 지킵니다.

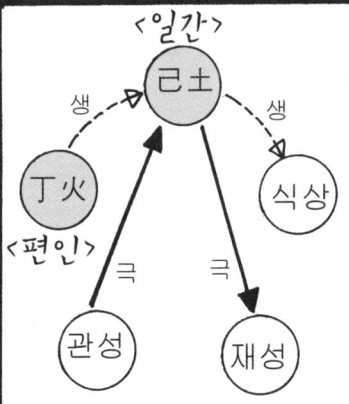

丁火가 편인이면 일간은 己土인데 己土의 측은지심과 희생적인 면이 丁火 편인의 따뜻하고 배려하는 특성과 결합하여 다른 사람의 속마음이나 어려움을 잘 살펴주게 됩니다.

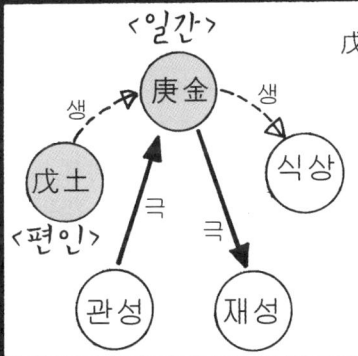

戊土가 편인이면 일간은 庚金인데 庚金의 소신 있고 강직함이 戊土 편인의 신뢰와 중립적 특성과 결합하면 여러 의견을 두루 수용하여 소신을 밀고 나가는 리더다운 모습을 보입니다.

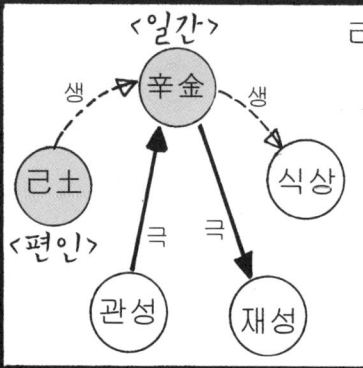

己土가 편인이면 일간은 辛金인데 辛金의 단호하지만 합리적인 경쟁심이 己土 편인의 섬세한 현실감과 결합하여 상황을 세심하게 살펴 자신의 처신을 현명하게 하게 됩니다.

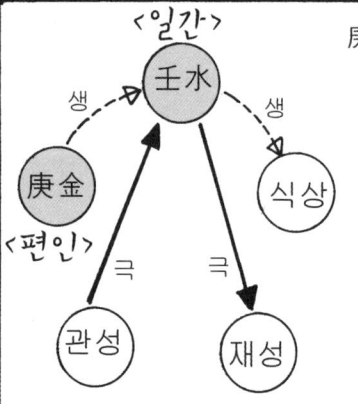

庚金이 편인이면 일간은 壬水인데 壬水의 이성적이고 유연하지만 목표를 향한 추진력이 庚金 편인의 경직된 특성으로 다소 시간이 걸리지만 일단 마음 속에서 결정이 내려지면 번복하지 않는 자기 확신이 대단히 강합니다.

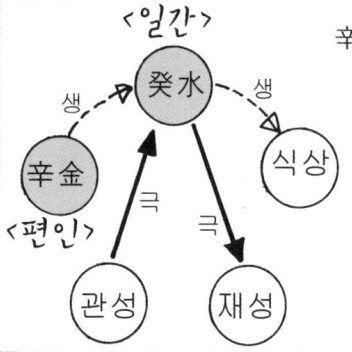

辛金이 편인이면 일간은 癸水인데 癸水가 사교적이고 뛰어난 환경적응력을 보이지만 辛金 편인으로 인해서 자신이 마음을 열지 않는 부분은 좀처럼 받아들이지 못하는 모습을 보입니다.

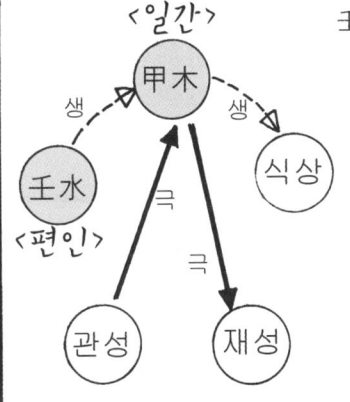

壬水가 편인이면 甲木이 일간인데 甲木의 창의성이 壬水 편인의 균형감과 유연성으로 인해 뛰어난 통찰력을 보이지만 자신의 관심분야 외에는 무관심해 버리므로 통찰력의 범위가 좁은 면이 있습니다.

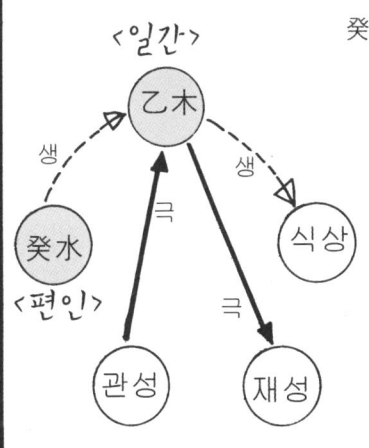

癸水가 편인이면 일간은 乙木인데 乙木의 실속적인 환경적응력이 癸水 편인의 응집력과 결합하면 자신이 필요한 부분은 그 내면의 특성까지도 받아들여 자신의 것으로 만들어 버립니다. 너무 처신을 잘해 주변에서 시기의 눈총을 받을 수 있습니다.

▶십성의 활용 - 정인

정인은 긍정적 수용 그리고 순수하고 빠른 이해력으로 기억을 해야 합니다. 그러나 단순한 사고력으로 다양한 생각을 하는 점은 부족합니다.

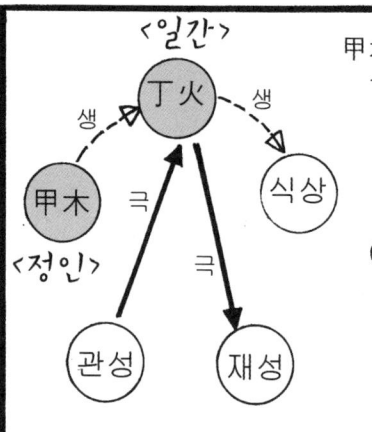

甲木이 정인이면 일간은 丁火인데
丁火의 열정과 배려하는 마음에
甲木정인의 순수하고 창의적인
부분이 결합하면 정이 많아서
누구와도 친하게 지내며
아이디어가 많고 열정적인 삶을
살지만 주변의 꼬임에 쉽게
빠질 수 있습니다.

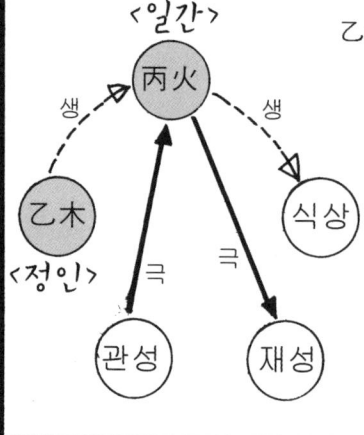

乙木이 정인이면 일간은 丙火인데
丙火의 빠른 판단력에
乙木 정인의 적응력과
현실성이 만나
주변 상황 인식이 빠르지만
자신의 이익에
민감할 수 있습니다.

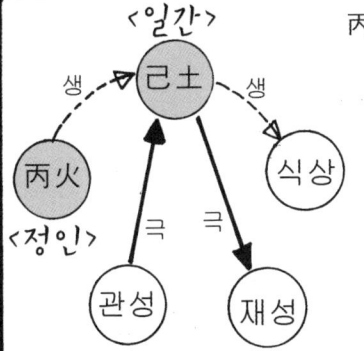

丙火가 정인이면 일간은 己土인데 己土의 성실함과 현실성이 丙火 정인의 사리분별력과 만나 자신이 옳다고 생각하는 일에 이해력이 빠르지만 자신과 생각이 다른 것은 받아들이지 않으려는 성향이 있습니다.

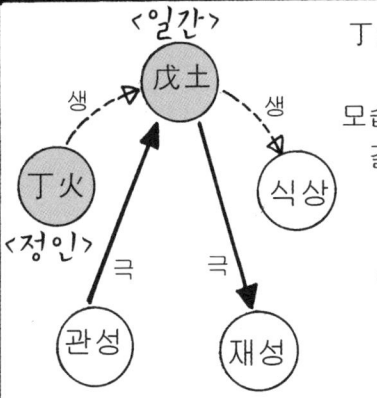

丁火가 정인이면 일간은 戊土인데 戊土의 무던하고 신뢰성 있는 모습이 丁火 정인의 배려와 열정과 결합하여 속이 깊고 많은 정보에 귀를 귀울이며 잘 수용하지만 한 번 신뢰가 무너지면 받아들이지 않고 강한 거부감을 표출합니다.

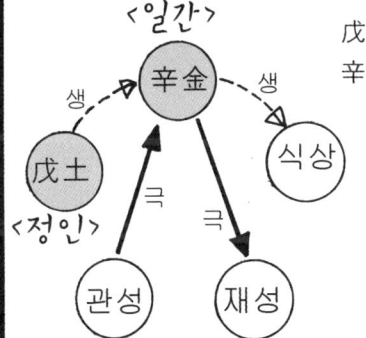

戊土가 정인이면 일간은 辛金인데 辛金의 내면적 경쟁심과 강인함이 戊土 정인의 중립적이고 깊은 사고력과 만나서 신중하지만 자신의 소신을 꺾이지 않으려는 단호함이 보입니다.

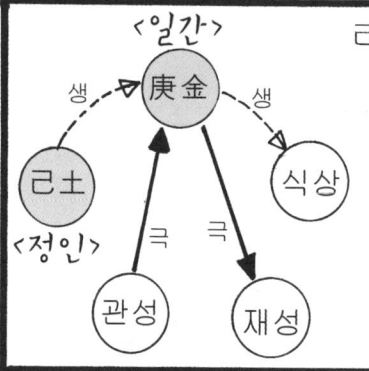

己土가 정인이면 일간은 庚金인데 庚金의 강건하고 호기 넘치는 모습 내면에 己土 정인의 깊고 섬세한 판단력과 다른 사람의 어려움을 생각하는 정이 있습니다.

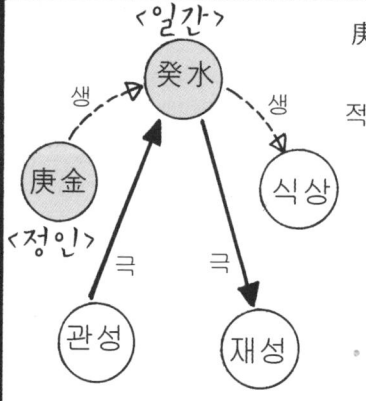

庚金이 정인이면 일간이 癸水인데 癸水의 사교적이고 주변 여건에 적응하는 유연함 뒤에 庚金 정인이 긍정적 수용을 하지만 이해를 하는 데는 시간이 걸리는데 스스로의 선입견이 너무 강한 탓입니다.

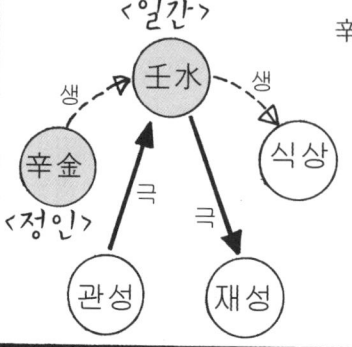

辛金이 정인이면 일간은 壬水인데 壬水의 유연하고 균형감이 辛金 정인의 내면적 경쟁심과 합리적인 판단력으로 부드럽지만 소신 있는 판단을 하지만 주변에서 자신을 인정해주는데 민감합니다.

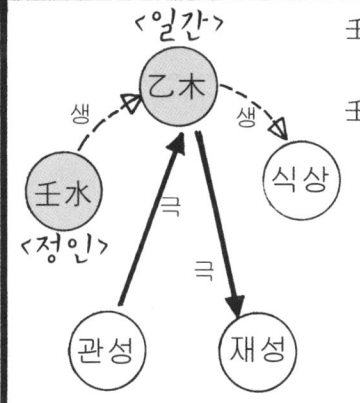

壬水가 정인이면 일간은 乙木인데 乙木의 적응력과 내면적 욕심이 壬水 정인의 유연함과 통찰력으로 주어진 상황을 받아들이지만 자신만의 방식을 고집할 수가 있습니다.

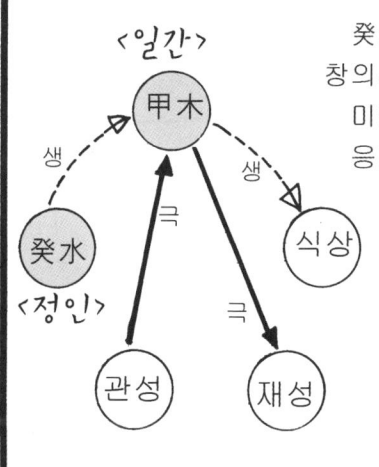

癸水가 정인이면 일간은 甲木인데 창의성이 돋보이는 甲木의 순수하고 미래지향적인 모습이 癸水 정인의 응집력과 빠른 적응력의 결합으로 이해력이 빠르고 호기심이 많아 학습 능력이 탁월하지만 신중하지 못하고 서둘러 결정하는 경향이 있습니다.

궁 합 론

궁합이란 흔히 사람과 사람간의 연결고리를 말합니다.

궁합은 남녀관계뿐 아니라 남자와 남자, 여자와 여자, 혹은 개인과 대인간의 성향이 서로 맞나 안맞나 따져보는 좋은 자료가 되기도 합니다.

그러나 여기서는 남녀궁합 위주로 다루겠습니다.

지금까지의 궁합은 대부분 띠나 월에 대한 궁합으로 통용되고 있습니다. 그런데 실제로 대입을 해보면 적중률이 낮아요.

그러므로 제가 하는 궁합론에서는 사람의 심리에 따라

서로가 맞고 안 맞고를 구분해 보는 방법이라 하겠습니다.

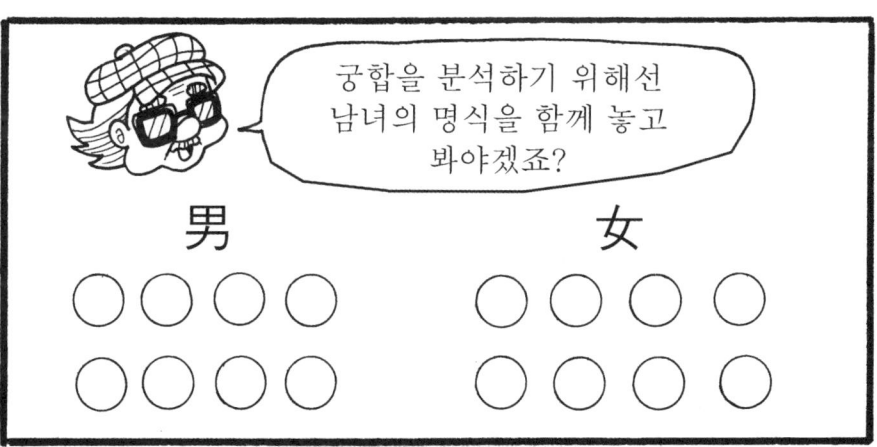

<궁합을 분석하는 방법 1>

▶ 일간 대 일간의 생극을 살핀다.

궁합론에서 먼저 해야 할 일은 그 사람의 가장 큰 특성인 일간의 특성을 서로 비교하는 일 입니다.

일간의 생극으로
배우자에 대한 인연의
강약을 알 수 있기
때문이에요.

일간의 관계는
첫째, 두 일간의 오행이 서로 생관계일때,
둘째, 두 일간이 같은 오행일때,
셋째, 두 일간의 오행이 서로 극관계일때,
넷째, 두 일간이 서로 합이 될때
이렇게 총 4가지 경우로 나뉘어 집니다.

첫 째의 경우인 일간이 서로 생관계 일때

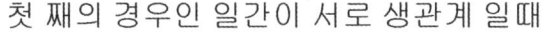

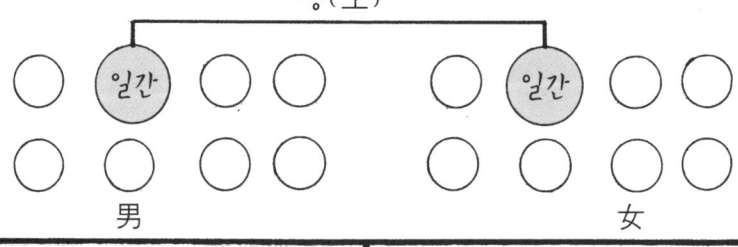

즉, 남자쪽 일간이 여자쪽 일간을 생해주는 오행관계 이거나

여자쪽 일간의 오행이 남자쪽 일간의 오행을 생해주는 관계일때

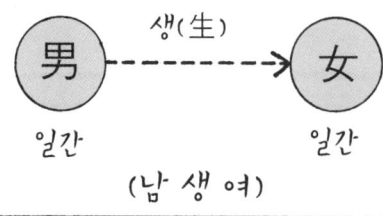

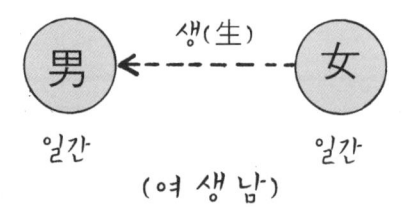

흔히 끌림현상이 강하고 좋은 궁합이라 합니다.

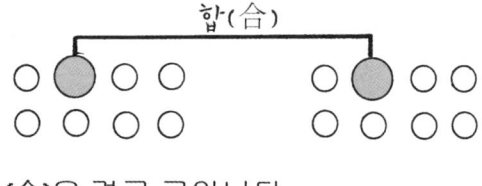

앞에서도 설명했듯이 여기서는 배우자에 대한 심리적인 요소를 적용하여 궁합을 설명하고자 합니다.

그러기 위해선 배우자 성과 배우자 궁을 꼭 알고 있어야 합니다.

십성에서는 관성은 남자를 의미하고,

재성은 여자를 의미합니다.

사주명식에서 남자는 일지(앉은 자리)를, 여자는 월지(사회궁)를 배우자 궁으로 봅니다.

배우자궁

처궁(여자의 자리)

남편궁(남자의 자리)

앉은 자리는 자신의 밑바탕, 뿌리가 되는 곳이기 때문에 여자가 밑에서 받쳐줘야 한다는 의미로 남자에겐 일지가 배우자궁 즉, 처궁이 됩니다.

그러나 여자의 경우 남편이 자신의 뿌리가 된다고 보기 어렵습니다.

여자는 자신이 사회에서 얻고자 하는 것을 남자를 통해 간접성취 하려는 성향이 있기 때문에 여자에겐 사회궁인 월지가 남편궁이 됩니다.

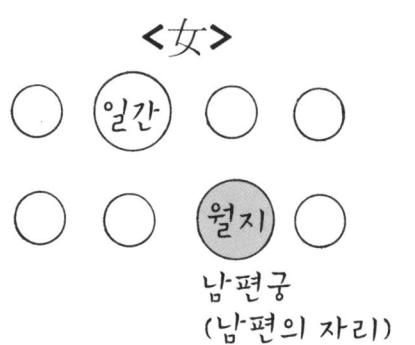

물론 요즘에는 여자들도 스스로 사회에서 많은 활동을 합니다만 통상적인 이론으로는 이렇다는 것을 염두에 두시기 바랍니다.

<궁합론을 분석하는 방법 2>

▶ 배우자 궁으로 본 상대에 대한 기대심리 구조를 살핀다.

① 처궁에 비견이 올 경우

男 ○ 일간 ○ ○
    ○ 비견 ○ ○

십성론에서 비견은 '나'와 같거나 친구 같은 힘이라고 했습니다. 그래서 일지가 비견인 남자는 주관이 상당히 강하며 친구 같은 여자를 원합니다.

즉, 여자가 자신과 동등한 위치에서 대화도 잘 통하고, 맥주도 같이 한 잔 할 수 있는 친구 같은 아내를 원합니다.

그러나 여성이 자신보다 상위가 되는 것은 허락하지 않습니다.

② 처궁에 겁재가 올 경우

일지가 겁재인 남자는 비견처럼 친구 같은 여자를 원합니다.

그러나 겁재의 성향은 경쟁성과 타협 즉, 한 발 물러설 수 있는 겁니다. 그래서 때로는 여자가 자신보다 상위 구조를 가져도 어느 정도 참고 삽니다.

③ 처궁에 상관이 올 경우

男　○　일간　○　○
　　○　상관　○　○

일지가 상관인 남자는
일간이(나) 일지(여자)를 강하게 생해주는 구조로
여자에게 잘해주는 타입입니다.

바꿔 말하면 일간의 주인인 '내'가 '여자'인 일지
쪽으로 기운을 주고 싶어하는 구조이죠.

그렇기 때문에 일지 상관인 남자는 아내를 사랑하고
뭔가를 주려하는 특성을 가지고 있습니다.

또 일지 상관인 남자는 대개 모든 여성에게 잘 대해 줍니다만 억세게 보이는 여자는 부담스러워 합니다.

왜냐하면 내가 생해주는 구조로 여자에게 뭔가 주고 싶어하는 심리적 특성을 볼 때

주고 싶다는 것은 나보다 약하거나 끌려야 주는데, 여자가 억세고 무섭게 생겼다면 겁이 나서 줄 수가 없는 이유가 아닐까 합니다.

④ 처궁에 식신이 올 경우

男　○ 일간 ○ ○
　　○ 식신 ○ ○

십성론에서 식신은 천천히 꾸준하게 생해주는 것입니다. 그래서 일지가 식신인 남자는 자신이 먹여 살릴 수 있는 즉, 딸 같은 여자(자신이 챙겨줄 수 있는 여자)를 원합니다.

그래서 여자에게 자상하게 잘 해주며, 어느 정도 자신이 리드를 하기도 합니다.

여기서 일지 상관인 남자와 다른 점은, 상관인 남자는 여자가 이끌어도 여자에 맞춰 따라가 주지만

식신인 남자는 여자에게 리드 당하는 특성이 약해 자신의 방식대로 여자를 이끌어 가려는 성향을 보입니다.

일지 상관

일지 식신

또한 일지 식신인 남자는 여자에게 딸 처럼 잘해 주지만 여자의 얼굴에 포인트를 두는 경우가 많습니다.

일지가 식신인 남자의 아내는 이목구비가 뚜렷한 예쁜 여자가 많습니다. 그래서 여자에게 자상 하지만, 얼굴이 예뻐야 한다는 조건이 붙습니다.

⑤ 처궁에 편재가 올 경우

편재는 내(일간)가 강하게 극하는 십성입니다. 그래서 일지가 편재인 남자는 아내를 자기 뜻대로 제압하며 자신이 주도 하려는 성향이 강하게 나타납니다.

즉, 독재자 같은 대감 스타일의 남편으로 아내는 남편의 말에 복종하는 순종형의 여자를 원합니다.

대신 자신의 말에 순종만 잘 하면 아내에게 잘 해주는 남편입니다.

⑥ 처궁에 정재가 올 경우

男 ○ 일간 ○ ○
   ○ 정재 ○ ○

정재는 일간이 적당히 극하는 십성으로 여자를 잘 다룰 줄 아는 애처가 형입니다.

상관이 여자에게 맹목적으로 주고 싶어하고 끌려가는 편이라면, 정재는 줄 줄도 알고 끊을 줄도 압니다.

요즘 말로는 밀고 당기기를 잘 한다고 할 수 있습니다.

즉, 여성의 마음을 잘 알아주고 이해해 주지만 때로는 적절히 극을 하며 브레이크도 걸 줄 아는 타입입니다.

또한 일지 정재인 남자가 명식에서 다른 구조도 갖추면 (재성의 태과, 재성의 혼잡 등) 바람기가 있을 수 있습니다.

아무튼 일지 정재인 남자는 애처가 형이므로 기본적으로 정재가 1개만 있을 때는 사위감으로도 괜찮습니다.

⑦ 처궁에 편관이 올 경우

일지가 편관인 남자는 일간이(내가) 일지(여자)에게 강하게 극을 받는 구조로 여자가 리드해 주는 걸 바라는 공처가 형입니다. 즉, 책임감은 강하지만 아내를 리드하는 면은 부족합니다.

또, 아내를 부담스러워 하기 때문에 늦게 결혼을 하거나 노총각인 사람이 많습니다.

⑧ 처궁에 정관이 올 경우

男 ○ 일간 ○ ○
   ○ 정관 ○ ○

일지가 정관인 남자는 아내가 나를 극하는 구조로 항상 아내의 통제를 받게 됩니다.

그래서 아내가 다소 잔소리를 해도 들어주며 아내에게 의논도 잘 합니다.

편관과 마찬가지로 아내가 리드해주길 바라는 타입입니다.

⑨ 처궁에 정인이 올 경우

男 ○ 〔일간〕 ○ ○
    ○ 〔정인〕 ○ ○

일지가 정인인 남자는 여자가 나를 생하는 구조로, 아내로부터 마냥 받고 싶어하는 타입입니다.

그래서 아내가 엄마처럼 자신을 이끌어 주는 따뜻한 여자를 원하며, 여자를 잘 따라줍니다.

때로는 응석받이가 되고 싶어♥

⑩ 처궁에 편인이 올 경우

男 ○ 일간 ○ ○
   ○ 편인 ○ ○

십성론에서 편인은 다소 부정적 이었습니다. 일지 편인인 남자는 아내에게 어머니 역할을 기대하는 남편형으로 외로운 왕자로 비유할 수 있습니다.

일지 편인인 남자는 외롭기 때문에 엉뚱한 짓을 해 관심을 받고 싶어 합니다.

그래서 때때로 아내로부터 잔소리를 듣게 되지만 장점은 잔소리도 잘 받아들인다는 점 입니다.

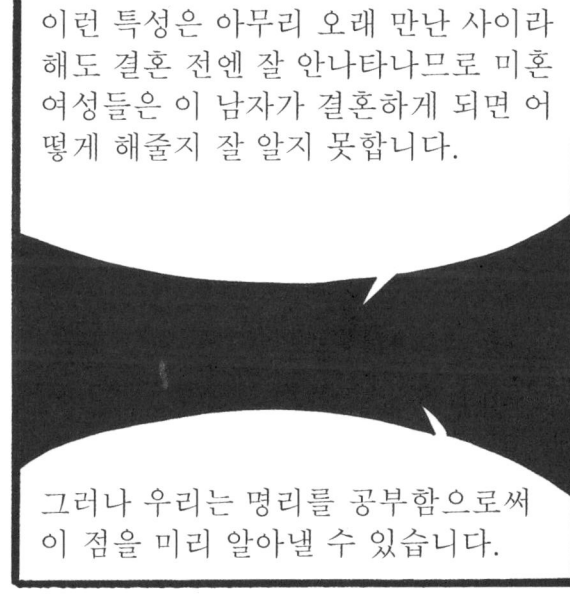

이런 특성은 아무리 오래 만난 사이라 해도 결혼 전엔 잘 안나타나므로 미혼 여성들은 이 남자가 결혼하게 되면 어떻게 해줄지 잘 알지 못합니다.

그러나 우리는 명리를 공부함으로써 이 점을 미리 알아낼 수 있습니다.

다음은 여자편 입니다.

① 남편궁에 비견이 올 경우

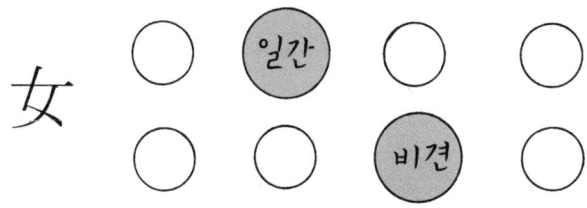

월지가 비견인 여자는 친구처럼 터놓고 마음을 주고받으며 편한 대화를 할 수 있는 남편을 원합니다.

② 남편궁에 겁재가 올 경우

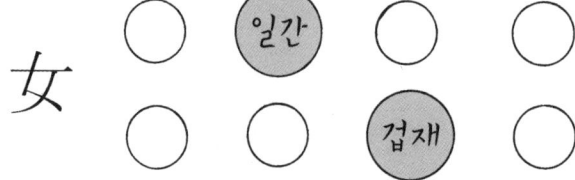

비견과 마찬가지로 친구 같이 대화가 잘 통하는 남자를 원합니다.

월지가 비견이나 겁재인 여자가 만일 대화가 잘 통하는 남편을 만나지 못 하면, 집에 있지 않고 자신의 친구들과 수다도 떨고 놀기 위해 외출을 자주 하기도 합니다.

↓
비견, 겁재

③ 남편궁에 상관이 올 경우

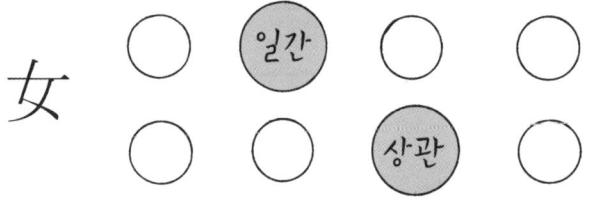

상관은 일간이 자신의 기운을 배우자(월지) 쪽으로 강력하게 주기를 원하지만 실제로는 별로 영향력을 행사하지 않습니다. 즉, 여자에겐 월지 상관이 조금 특이한 케이스가 됩니다.

원래 월지는 사회궁으로
관의 자리 였으며
관성은 남자를 의미하기도
합니다.

그런데 이 관의 자리에
상관이 옴으로써
상관이 관성을 극하는
〈상관견관〉이 되어
버립니다.

상관견관은 도전적 성향을 나타내므로 남편을 자극하거나 남편의 틀에서 벗어나려 합니다.

그래서 월지가 상관인 여자들은 남편의 간섭을 싫어하며 남편에 대한 의존도가 낮습니다.

즉, 인생의 목표가 도전이며 자아성취이기 때문에 월지 상관인 여자들 대다수가 활동적이며, 집안에서 살림만 하는 것을 싫어합니다.

④ 남편궁에 식신이 올 경우

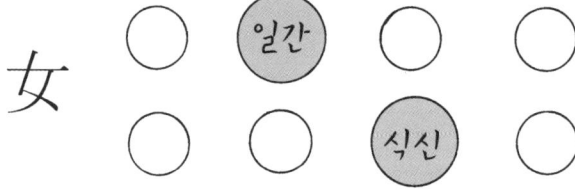

식신이 꾸준히 주는 것처럼 월지가 식신인 여자는 남편을 아들 처럼 항상 꾸준히 잘 챙겨주는 엄마 같은 자상한 여자 입니다.

그러나 엄마가 아들에게 뭐든지 다 해주며 잘 해주지만 말 잘 듣는 아들이 되기를 바라듯이, 월지 식신인 여자는 남편이 자신의 영역 안에서만 있어주기를 원합니다.

궁합론 **191**

자신의 모든 것을 바쳐 잘 해주는 대신 때때로 남편의 일에 참견하고 간섭하기도 해 남편은 부담을 느낄 수 있습니다.

내 허락 없인 아무데도 못 가 ♡

뭐든지 다 잘해주지만 간섭도 잘 해….

⑤ 남편궁에 편재가 올 경우

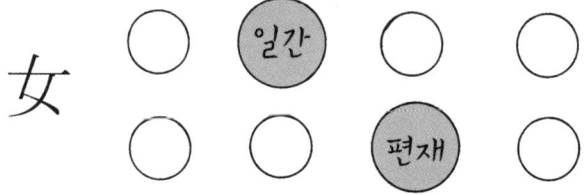

편재는 내가 마음대로 할 수 있는 구조입니다. 따라서 월지가 편재인 여자는 스케일이 크고 여장부의 심리 구조를 가진 자기주도형으로 자신의 말을 잘 듣는 남편을 원합니다.

또한 관성의 자리에 온 재성 즉, 재생관의 영향으로 여자는 '내가 남편에게 도움이 될 일을 하니 남편은 나를 따라야 한다.'는 심리를 가지고 있습니다.

그래서 남편의 입장에서는 다소 부담스러우나 궁극적으로 남편에게 도움을 줄 수 있습니다.

⑥ 남편궁에 정재가 올 경우

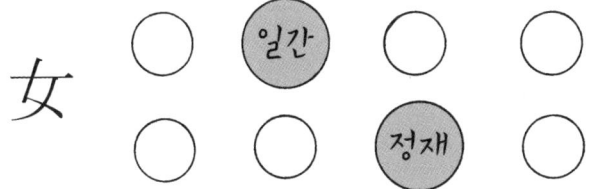

정재는 알뜰하고 정밀하고 치밀한 성분으로 돈을 의미하기도 합니다.

남녀를 떠나서 사회궁이
정재인 사람들은
일을 꼼꼼하게 잘 하며
인생목표가 돈 입니다.

그러므로 월지가 정재인 여자는
매사에 일 처리가 정확하며
금전관리도 잘 하는 꼼꼼한
타입으로, 능력 있는 남자를
원합니다.

⑦ 남편궁에 정관이 올 경우

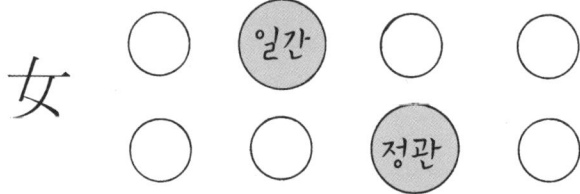

정관은 일간을(나를) 합리적으로 적절히 극하는 것으로 월지가 정관인 여자는 남편이 나를 극해도 참을 수 있는 평강공주형 입니다.

그래서 월지 정관인 여자는 남편에게 복종도 하고 때로는 브레이크도 걸 줄 아는 현모양처 타입으로 남편을 키울 수 있는 여자입니다.

참고로 남편을 내조하여 성공시킬 수 있는 유력한 구조가 첫 째는 월지 정관인 여자이고, 둘 째는 월지 식신인 여자 입니다.

1

월지 정관

월지 식신

2

⑧ 남편궁에 편관이 올 경우

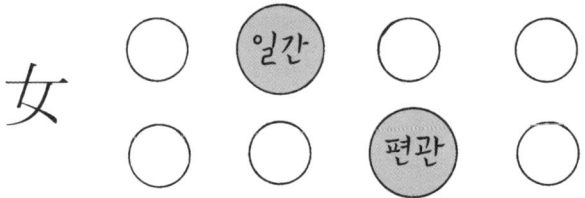

편관은 일간을(나를) 강하게 극하는 구조로 강한 통제를 받은 일간은 극에 대한 적응을 하게 됩니다.

그래서 월지가 편관인 여자는 불만이 있어도 남편의 뜻을 따라 주며 복종하고 주어진 일에 책임을 다하는 순종형입니다.

그렇기 때문에 월지 편관인 여자는 남자들이 원하는 여자이기는 하지만 남편을 내조해 성공시킬 수 있는 타입은 아닙니다.

왜냐하면 남편을 성공시키려면 무조건적인 복종이 아니라 때로는 남편에게 충고도 할 줄 알며, 도움을 줄 수 있어야 하기 때문입니다.

⑨ 남편궁에 편인이 올 경우

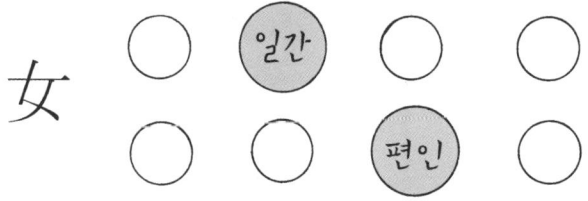

인성은 일간을(나를) 생해주는 것으로 남자에게 얻어먹고만 사는 여자로 비유할 수 있습니다. 즉, 월지에 인성이 오는 여자는 남자에게 의존적인 공주형입니다.

특히 월지가 편인인 여자는 남편이 따뜻하게 대해주고 도와주길 원하지만 표현을 잘 하지 못해 혼자 고독해 보이는 외로운 공주형 입니다.

⑩ 남편궁에 정인이 올 경우

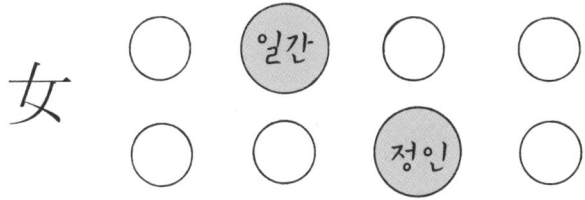

월지가 정인인 여자는 남편에게 사랑 받고 싶어하며 모든 것을 남편에게 의지하고 싶어하는 어리광쟁이 공주형 입니다.

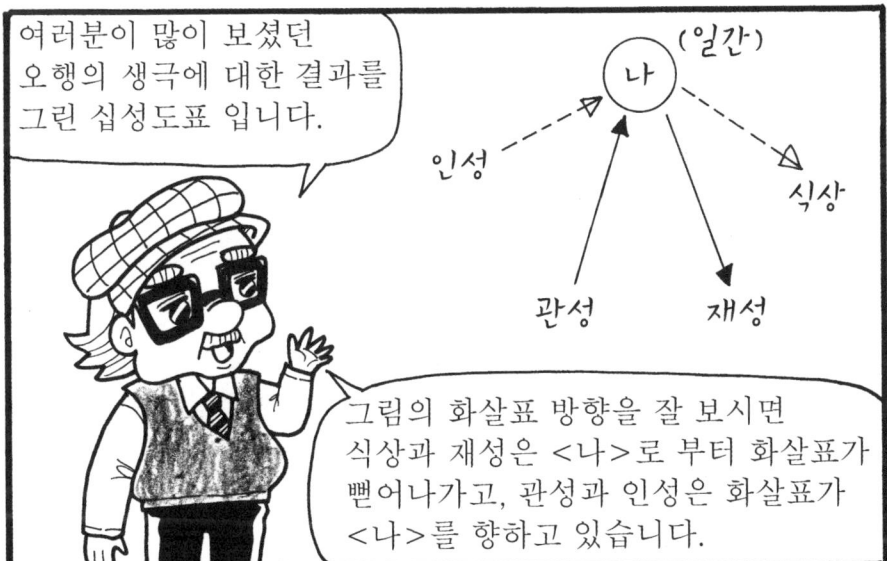

여러분이 많이 보셨던 오행의 생극에 대한 결과를 그린 십성도표 입니다.

그림의 화살표 방향을 잘 보시면 식상과 재성은 <나>로 부터 화살표가 뻗어나가고, 관성과 인성은 화살표가 <나>를 향하고 있습니다.

그러므로 생극과 상관 없이 화살표가 나(일간)로 부터 뻗어 나가는 식상과 재성을 주는 구조라 하고, 화살표가 내쪽으로 향하는 인성과 관성을 받는 구조라 합니다.

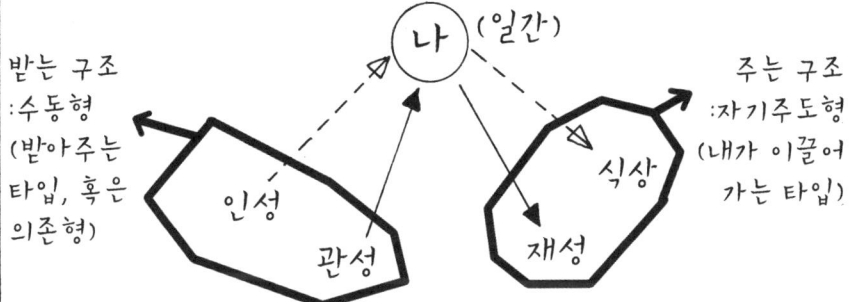

받는 구조
:수동형
(받아주는 타입, 혹은 의존형)

주는 구조
:자기주도형
(내가 이끌어 가는 타입)

주는 구조는 자신이 상대를 이끌어 가는 자기주도형 이고, 받는 구조는 상대에게 의존적인 수동형 입니다. 따라서 배우자 궁에 오는 십성이 한쪽이 주면 다른 한쪽은 받아주는 구조가 좋은 궁합입니다. 비겁 같은 구조는 주는 구조, 받는 구조 양쪽 다 맞을 수 있지만 명식의 전체적인 기운과 구조를 살펴야 합니다.

<궁합을 분석하는 방법 3>

▶ 일간과 배우자궁(일지, 월지)의 방향을 살핀다.

궁합을 분석할 때는 일간과 배우자궁의 방향성도 눈여겨 봐야 합니다.

방향이란 앞에서 배운 주는 방향(식상, 재성)과 받는 방향(인성, 관성)을 말합니다.

또 남자 사주의 일지는 아내의 자리 이며, 여자 사주의 월지는 남편의 자리를 의미 하지요.

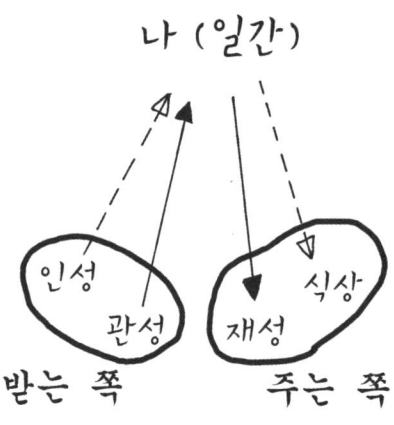

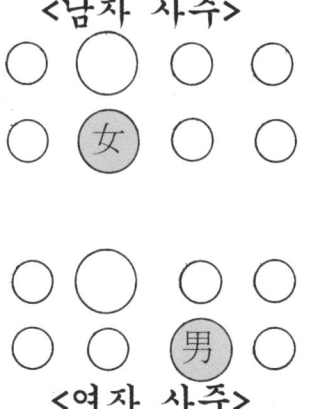

일간과 배우자궁의 방향은 다음과 같이 3개의 경우를 동시에 봐야 합니다.

① 일간대 일간의 생극 방향

② 남자 사주에서 일간과 일지의 방향

③ 여자 사주에서 일간과 월지의 방향

앞에서 남녀의 일간이 서로 극이면 부딪히는 구조라고 했지만

방향성에 따라 일간이 서로 극이어도 궁합이 좋은 경우가 있습니다.

두 일간이 극일 때는 3개의 화살표 방향이 반드시 같아야 합니다!

여자의 일간이 남자의 일간을 극하는 구조일 땐
여자 쪽에서 남자 쪽으로 화살표가 뻗어나간 상태이므로
[일간의 생극 방향]

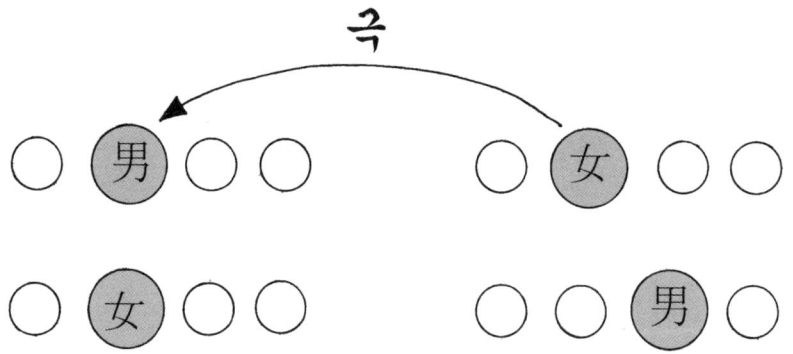

나머지 화살표의 방향도 모두 여자 쪽에서 남자 쪽으로
향해야 합니다.

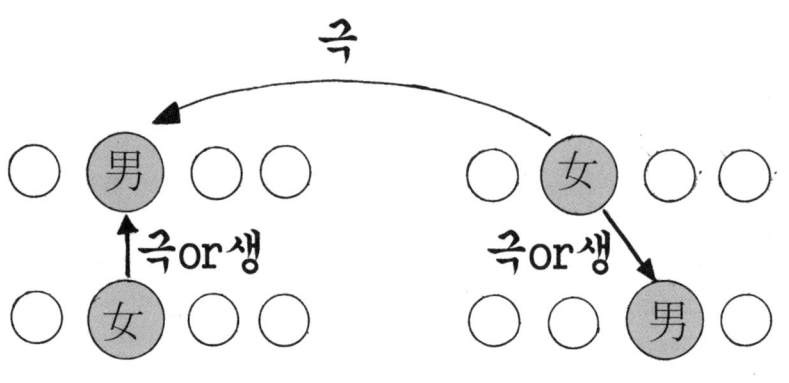

즉, 남자 사주의 일간은 처궁으로 부터 받는 구조가 되어야 하므로 (일간과 일지의 방향)

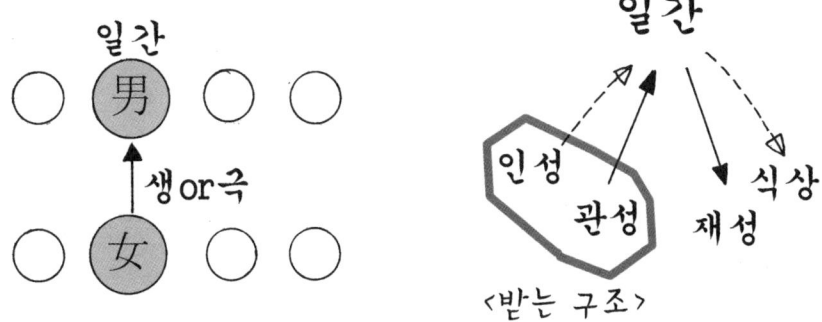

처궁(일지)에는 인성이나 관성이 돼야 합니다.

여자 사주에서는 일간이 남편궁 쪽으로 주는 구조가 돼야 합니다. (일간과 월지의 방향)

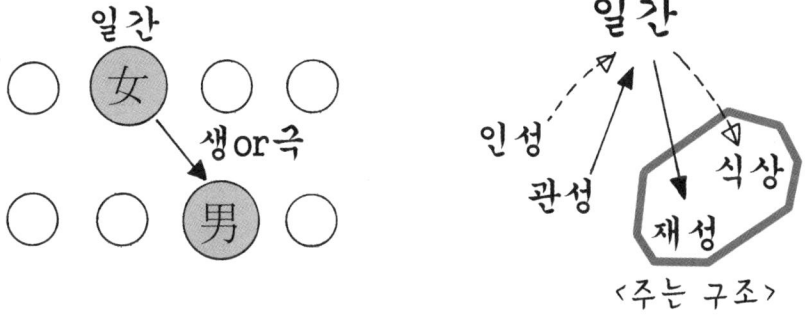

그러므로 남편궁(월지)에는 식상이나 재성이 돼야 합니다.

이렇게 두 일간이 서로 극일 때는
① 일간 대 일간의 극방향
② 남자 사주에서 일간과 일지의 방향
③ 여자 사주에서 일간과 월지의 방향
이 세가지 화살표 방향이 모두 같아야 합니다.

그러나 두 일간이 생관계 일 경우는 ②번과 ③번 두 방향만 같아도 궁합이 좋습니다. 다음 설명을 보세요.

남자의 일간이 여자의 일간을 생하는 구조일 때
남자 쪽에서 여자 쪽으로 화살표가 뻗어나갔지만 [男→女]

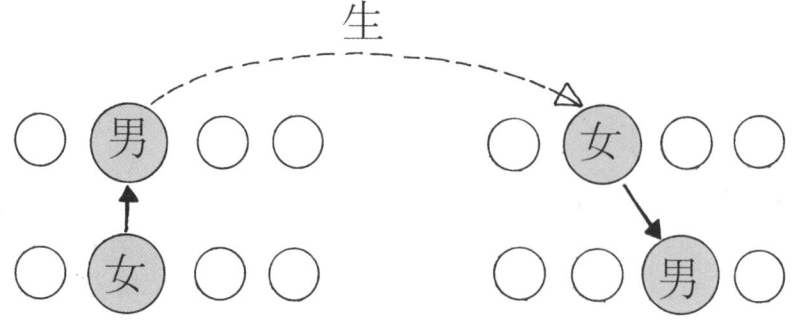

남자 사주의 일간은 처궁으로부터 받는 구조이며 [女→男]
여자 사주에서는 일간이 남편궁 쪽으로 주는 구조 입니다.
[女→男]

즉 앞쪽에서 배웠듯이 두일간이 서로 생관계 일때는 각각의 일지와 월지가 한 쪽이 주는 구조(식상, 재성)이면, 다른 한 쪽은 받는 구조(관성, 인성)이기만 하면 된다는 뜻입니다.

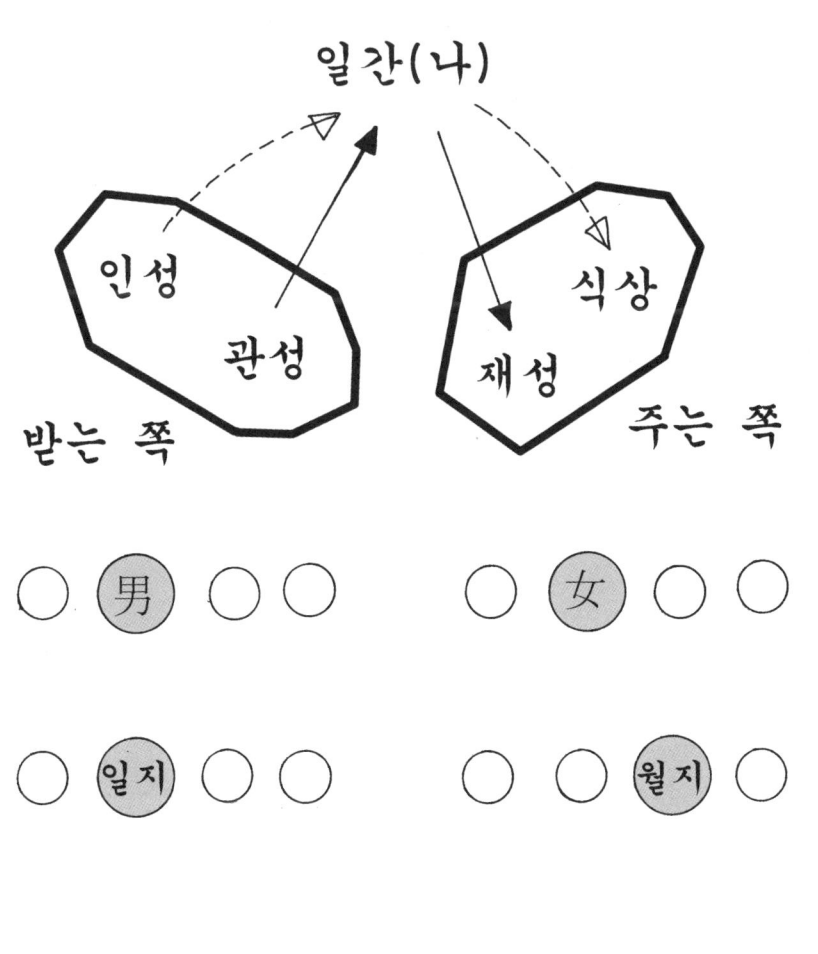

<궁합을 분석하는 방법 4>

▶남자 사주에서는 배우자궁(일지=처궁)을 봐야 하고, 여자 사주에서는 배우자성(관성)을 봐야 한다.

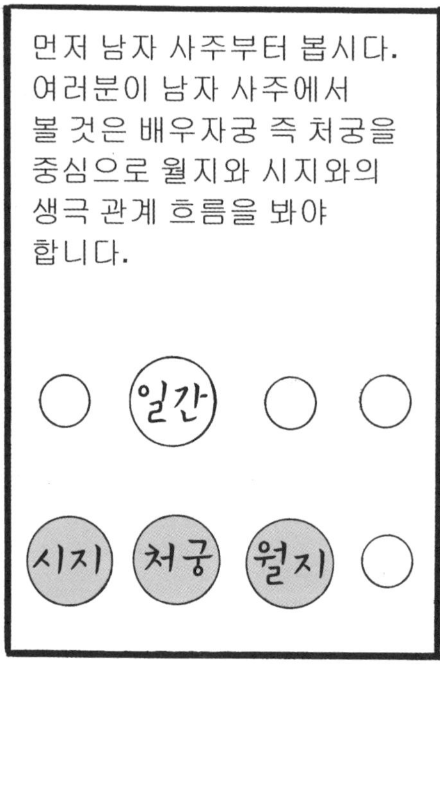

처궁을 중심으로 한쪽에서 생해주면 그 기운을 받은 처궁에서 반대쪽으로 기운이 빠져나가도록 되어 있는 사주가 좋습니다.

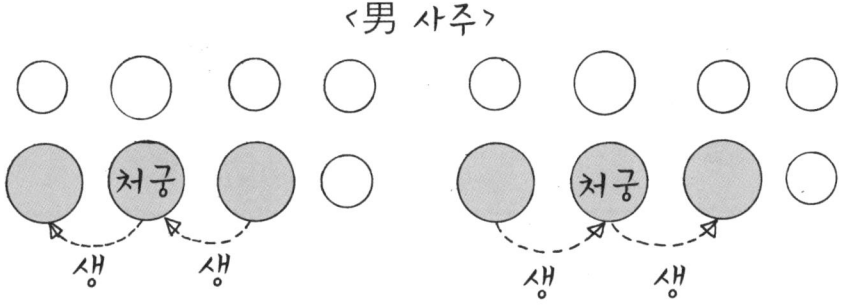

여러분의 이해를 돕기 위해 좀 더 구체적인 예를 들어보죠.

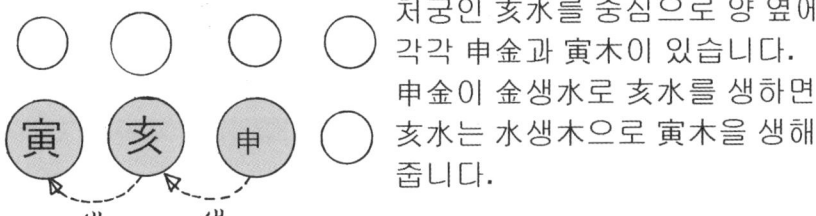

처궁인 亥水를 중심으로 양 옆에 각각 申金과 寅木이 있습니다. 申金이 金生水로 亥水를 생하면 亥水는 水生木으로 寅木을 생해 줍니다.

그리고 다음과 같이 한쪽에서 처궁을 생해주고 그 기운을 받은 처궁이 반대쪽을 향해 극을 하는 경우도 괜찮습니다.

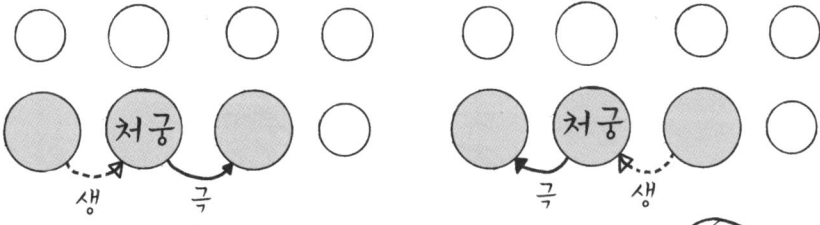

쉽게 말해 남자 사주에서는 한쪽에서 처궁을 먹여주고(生) 배가 부른 처궁이 운동하게끔 도와주는 구조가 아내가 편안하게 살 수 있는 좋은 사주입니다.

그리고 아래와 같은 경우는 어떨 땐 좋고 어떨 땐 나쁠 수도 있어요.

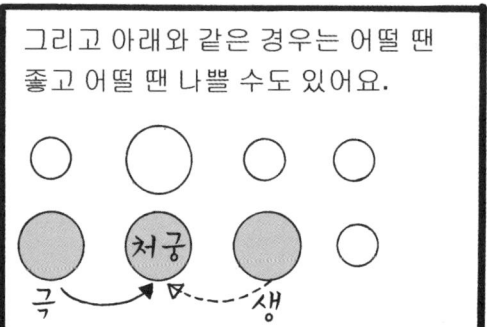

또 다른 경우를 봅시다.

양 쪽에서 처궁을 생해주는 구조는 좋지 않습니다. 생은 밥을 주는 것과 같은 것인데, 계속해서 처궁이 먹을 것을 받기만 한다면 당연히 돼지가 되겠지요?

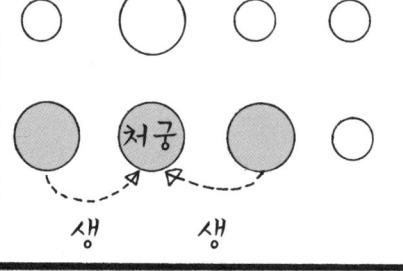

이런 사주를 가진 남자를 만나면 여자가 갑갑해 집니다.

그러나 사주명리는 언제나 균형과 조화를 봐야 합니다. 기가 약한 여자는 양쪽에서 처궁을 생해주는 사주를 가진 남자와 만나면 오히려 잘 살 수 있습니다.

남자의 사주에서 양쪽에서 처궁을 극하는 경우는 어떨까요?

이 구조는 아내의 자리 양 옆에서 칼이 들어온 경우로 비유할 수 있습니다.

당연히 여자가 많이 힘든 경우 입니다.

<男 사주>

○ 일간 ○ ○

○ 처궁 ○ ○
극→ ←극

이런 사주 구조의 남자는 아내가 매우 살기 힘들어 집니다.

아래와 같이 남편이 일지 정재로 아내에게 매우 잘 해주는 타입이라도 일지가(처궁이) 양쪽에서 극을 받으면 여자는 살기 힘듭니다.

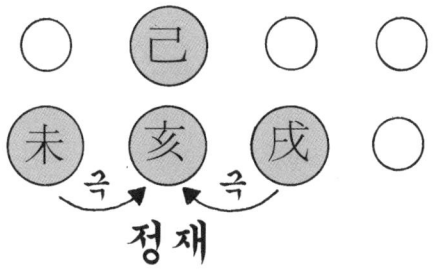

○ 己 ○ ○

未 亥 戌 ○
극→ ←극

정재

그러나 이 또한 무조건 나쁘다고 볼 수 없습니다.
그 사람에게 맞는 짝을 찾아주는 것이 바로 궁합이에요.

이렇게 처궁을 양쪽에서 극하는 사주의 남자는 기가 강한 여자를 만나면 잘 삽니다.

남자의 사주가 양쪽에서 처궁을 극하는 구조일때

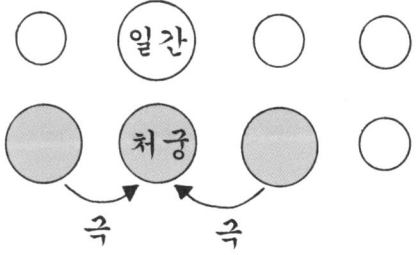

기가 약한 여자는 집 안에 들어온 칼을 보고 놀라 시름 시름 앓더니 살기가 힘들어 진다.

기가 강한 여자는 오히려 집안에 들어온 칼을 닦으며 잘 살아간다.

이번에는 여자의 사주를 살펴봅시다. 여자의 사주에서는 배우자성인 <관성>을 찾으면 됩니다.

명식에서 관성이 어디에 있든지간에 관성이 주변 오행으로부터 극을 받는지 안받는지를 봐야 합니다.

<관성>

여러분은 여기서 십성론에서 배웠던 십성의 응용을 다시 보게 됩니다.

식상은 재성을 생하고 (식상생재)
재성은 관성을 생하고 (재생관)
관성은 인성을 생하죠. (관인상생)

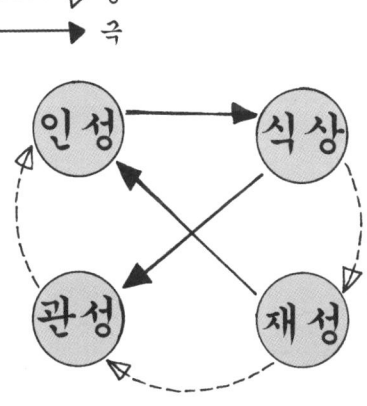

식상은 관성을 극하고
(식상견관)
재성은 인성을 극하며
(재극인)
인성은 식상을 극합니다.
(인극식)

우리가 여기서 볼 것은 식상견관 입니다.

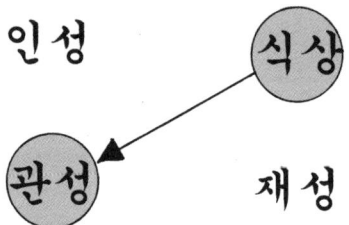

즉, 여자 사주에서는 배우자성인 <관성이 식상에게 극을 당하고 있는지>를 살펴야 합니다.

왜냐하면 여자 사주에서 관성은 남편을 의미하는데 식상이라는 내 <능력>이 남편을 의미하는 <관성>을 극하게 되면, 도전적 성향을 띠는 <식상견관>의 구조가 되므로 남편이 힘들게 됩니다.

예를 들어 봅시다.

월지가 정관인 현모양처 형의 여자지만 상관이 관성을 극하고 있으므로

○ 일간 ○ ○
○ ○ 정관 ← 상관

남편은 아내가 잘 해주어도 힘들어 집니다.

즉, 여자 사주에서 관성이 어디에 있든 식상에게 극을 당하면 남자가 힘듭니다.

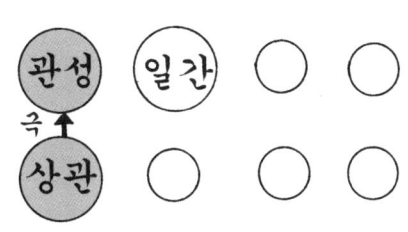

왼쪽의 경우는 식상들이 관을 둘러싸서 극을 하고 있기 때문에 기가 약한 남자가 이런 사주를 가진 여자를 만나면 살아가기가 힘듭니다.

그러나 일간이 강하고 일지가 관성이나 인성인 (즉, 받아주는 구조를 가진) 남자를 만나면 괜찮습니다.

여자 사주에서는 식상의 태과도 남편이 힘들어 합니다.

다음의 예를 보세요.

식상의 태과에 일간의 힘이 강한 여자 사주 입니다.

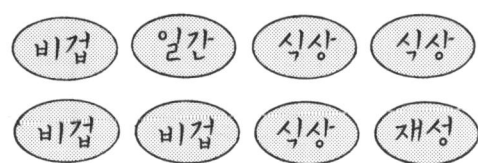

| 비겁 | 일간 | 식상 | 식상 |
| 비겁 | 비겁 | 식상 | 재성 |

식상은 능력 뿐아니라 <입>을 의미 하기도 하므로 일간의 힘이 약할 때 의 식상은 사교가 되지만, 위의 경우 는 일간의 힘이 세기 때문에 식상이 오히려 총이 됩니다.

즉, 관성을 깰 수 있는 식상이 3개나 되니 남자들이 무서워 하겠지요. 하지만 이 경우도 일간이 강하고 받아주는 구조 (일지가 관성 또는 인성)인 남자를 만나면 괜찮습니다.

여자 사주에서 관성은 남편을 의미하므로 관성의 태과인 여성은 남성들에게 인기가 많습니다.

그런데 관성이 남편을 의미한다고 해서 간혹 관의 갯수만큼 결혼을 한다고 생각하는 분들이 있는데

당연히 틀립니다!

예를 들어, 여자 사주에서 관성 혼잡에 식상이 깨는 구조는 이혼 확률이 높을 뿐 결혼을 두 번, 세 번 하는게 아닙니다.

지금까지 궁합을 분석하는 방법에 대해 배웠습니다.

궁합은 어떤 단편적인 면만 가지고 판단하면 안 되고 종합적으로 살펴야 하는데

이것은 부부간의 문제가 여러가지 인간사의 복잡한 내용과 각자 성격이 어우러져 좋아지거나 다투게 되는 것과 같은 이치라고 하겠습니다.

그럼 마지막으로 지금까지 배운 <궁합을 분석하는 방법>을 정리하고 궁합론을 마치도록 하겠습니다.

<궁합을 분석하는 방법>

1. 궁합은 가장 먼저 일간 대 일간의 생극 관계를 살핍니다.

2. 각 배우자궁의 십성적 특성을 살핍니다.

3. 일간 대 일간의 생극 방향과 각 배우자궁의 방향성을 살핍니다. 방향이란 식상과 재성이 기운을 주는 구조이며 관성과 인성은 기운을 받는 구조입니다.

4. 남자는 처궁(일지)의 생극을 살펴 처에게 도움이 되는지 힘들게 하는지 살펴야 하며, 여자는 관성이 주변에서 식상으로부터 극을 받아 식상견관 하는지를 살펴야 합니다.

5. 전체의 명식 특성과 심리구조를 서로 비교해 조화를 이루는지를 살핍니다.

◆ 배우자 궁의 심리구조 분석표

십성	처궁 (일지)	남편궁 (월지)
비견	친구같이 부담 없고 대화의 상대가 될 수 있는 아내를 원합니다. 남편은 군림하지 않고 평등하게 대하지만 배우자를 너무 쉽게 대할 수 있습니다.	친구처럼 서로 터놓고 마음을 주고 받으며 편한 대화를 할 수 있는 남편을 원합니다.
겁재	친구같이 부담 없고 대화의 상대가 될 수 있는 아내를 원합니다. 남편은 평등하게 대하지만 때로는 상대에게 한 발 물러서 타협합니다.	친구처럼 서로 터놓고 마음을 주고 받으며 편한 대화를 할 수 있는 남편을 원합니다. 부부간의 화합은 무난합니다.
식신	아내에게 자상하게 잘 해주려고 하는 성향입니다. 생동감 있는 여성에게 매력을 느끼지만, 여성을 볼 때 얼굴에 포인트를 두게 되는 경우가 많습니다.	남편을 아들처럼 챙겨주는 형이지만 남편의 신상이나 일에 대하여 일일이 참견하거나 자신의 관심 범위 내에 두려하여 때로는 남편이 부담을 느낄 수 있는 형입니다.
상관	여성의 입장을 우선으로 배려합니다. 어쩌면 모든 여성에게 잘 대해주기도 하여 여성들이 편안함을 느끼는 형입니다. 억세게 보이는 여자를 부담스러워 합니다.	집에서 살림살이 보다 사회활동이나 취미활동 등에 관심이 많아 남편에게 의지하기 보다 일에 더 신경을 쓰므로 남편 입장에서 보면 남편을 무시하는 아내로 보일 수도 있습니다.
편재	모든 일을 자기 뜻대로 하려고 하며 자신이 주도 하므로 아내 입장에서는 상대하기힘든 남편입니다. 여성을 리드하므로 박력있는 남성의 매력이 있기도 합니다.	스케일이 커서 여장부 심리구조를 가지고 있습니다. 자신의 의지를 관철시키려 하거나 남편을 리드하려는 형이므로 남편입장에서 부담스러우나 궁극적으로 남편에게 도움을 줄수 있습니다.

정재	여성의 마음을 잘 알고 대하는 애처가형 입니다. 애정이 지나치면 간혹 의처증 증세를 보일 수도 있습니다.	매사에 일처리가 분명한 알뜰주부입니다. 따라서 남편도 능력이 있는 사람을 원하며 남편에게 힘이 되어 줄 수 있습니다.
편관	아내를 부담스러워 하는 형으로 늦게 결혼하는 경우가 많습니다. 아내에게 책임감은 강하지만 아내를 리드하는 면은 부족합니다.	불만이 있어도 남편의 뜻을 따라 주는 형으로 남편 입장에서는 편하겠지만 여성의 입장에서 보면 답답하게 살수도 있습니다.
정관	합리적인 성품으로 아내의 입장을 이해하고 수용하는 남편으로서 아내가 다소 잔소리를 해도 들어주는 남편형 입니다.	남편의 그늘에 안주하려는 아내형 입니다. 그러나 남편을 잘 내조해서 성공시킬 수 있는 현모양처입니다.
편인	아내에게서 어머니 역할을 기대하는 남편형으로 자신이 아내를 주도하기는 어렵습니다. 때때로 아내의 잔소리를 듣게 될 일을 하기도 합니다.	남편이 따뜻하게 대해주고 도와주기를 기대하지만 표현을 하지 못하고 마음 속으로만 바랄 뿐이므로 불만이 있어도 표현하지 않습니다. 혼자 고독해합니다.
정인	어머니 같은 아내를 원합니다. 아내와 여러 가지 일을 의논하고 싶어 하며 때로는 응석받이가 되고 싶어 합니다.	모든 것을 남편에 의지하고 싶어 하며 항상 따뜻하게 대해 주기를 원하며 어리광을 피울 수 있습니다. 때로는 남편에게 약간 버릇이 없게 보이기도 하지만 순수합니다.